Le Vieux Paris.

REPRODUCTION

DES MONUMENS QUI N'EXISTENT PLUS DANS LA CAPITALE,

D'APRÈS LES DESSINS

de F. A. Pernot,

EXÉCUTÉS AVEC L'AUTORISATION DE M. LE PRÉFET DE LA SEINE,

ET ACQUIS POUR LA BIBLIOTHÈQUE DE LA VILLE;

LITHOGRAPHIÉS

Par NOUVEAUX et ASSELINEAU.

(Texte explicatif.)

Paris,

JEANNE et DERO-BECKER, Éditeurs,

Passage Choiseul, 66, et Marché Saint-Honoré, 15.

1838 et 1839.

NOMS DES AUTEURS DIVERS QUI ONT ÉCRIT SUR LA CAPITALE.

TITRES DES OUVRAGES QUI ONT FOURNI LE TEXTE DU *VIEUX PARIS*.

BELLEFOREST compose, en 1569, sa *Cosmographie universelle*, et y joint un beau plan de Paris.

CORROZET, de 1532 à 1568, fait paraître sa *Fleur des Antiquités, et excellences de la ville de Paris.*

PASQUIER, dans le XVI⁰ siècle, publie ses *Recherches sur la France.*

BONFONS fait imprimer, en 1607, *les Fastes, Antiquités et choses les plus remarquables de Paris.*

DUBREUL, en 1612, compose l'ouvrage intitulé : *Théâtre des Antiquités de Paris.*

MALINGRE, en 1640, donne une nouvelle édition de l'ouvrage de Dubreul, avec des augmentations.

DELAMARRE, en 1705, publie son *Traité de Police*, accompagné de huit plans de Paris.

SAUVAL laisse, en manuscrits, *les Antiquités de Paris*; cet ouvrage est imprimé après sa mort, en 1724.

FÉLIBIEN, bénédictin, écrit de 1711 à 1719, son *Histoire de Paris.*

LOBINEAU continue le même ouvrage.

MONTFAUCON, en 1729, publie *les Monumens de la Monarchie française.*

PIGANIOL de la FORCE donne, de 1750 à 1760, *la Description de Paris.*

JAILLOT, en 1775, fait imprimer ses *Recherches critiques, historiques et topographiques sur Paris.*

GERMAIN BRICE et LEMAIRE donnent, en 1685, une *Description de Paris et des beautés des édifices de la capitale.*

L'abbé LE BOEUF, vers la même époque, écrit son *Histoire du diocèse de Paris.*

SAINTE-FOIX, en 1754, donne ses *Essais sur Paris.*

HURTAUT et DE MAGNY publient, en 1779, le *Dictionnaire historique de Paris.*

MILLIN, en 1798, fait paraître les *Antiquités nationales*, avec de nombreuses gravures.

DULAURE et St.-VICTOR, de 1818 à 1820, donnent chacun leur *Histoire de Paris*, accompagnées de plusieurs vues de monumens qui n'existent plus.

BÉRAUD et DUFAY font paraître, en 1825, un nouveau *Dictionnaire historique de Paris.*

Les graveurs qui ont publié des vues de Paris sont : CALLOT én 1620, LABELLE en 1630, SYLVESTRE en 1662, et JACQUES DE CHATILLON à la même époque. La *Topographie de Paris* de la Bibliothèque du Roi, au département des estampes, due aux soins de MM. DUCHESNES, renferme une partie des œuvres des graveurs que l'on vient de citer.

Les lettres (*A. D.*) placées au bas du texte de chaque monument signifient *Auteurs divers.*

IMPRIMERIE DE POLLET, SOUPE ET GUILLOIS,
Rue Saint-Denis, 380, passage Lemoine.

PLAN du Vieux Paris de Philippe-Auguste a François Ier et Louis 13.

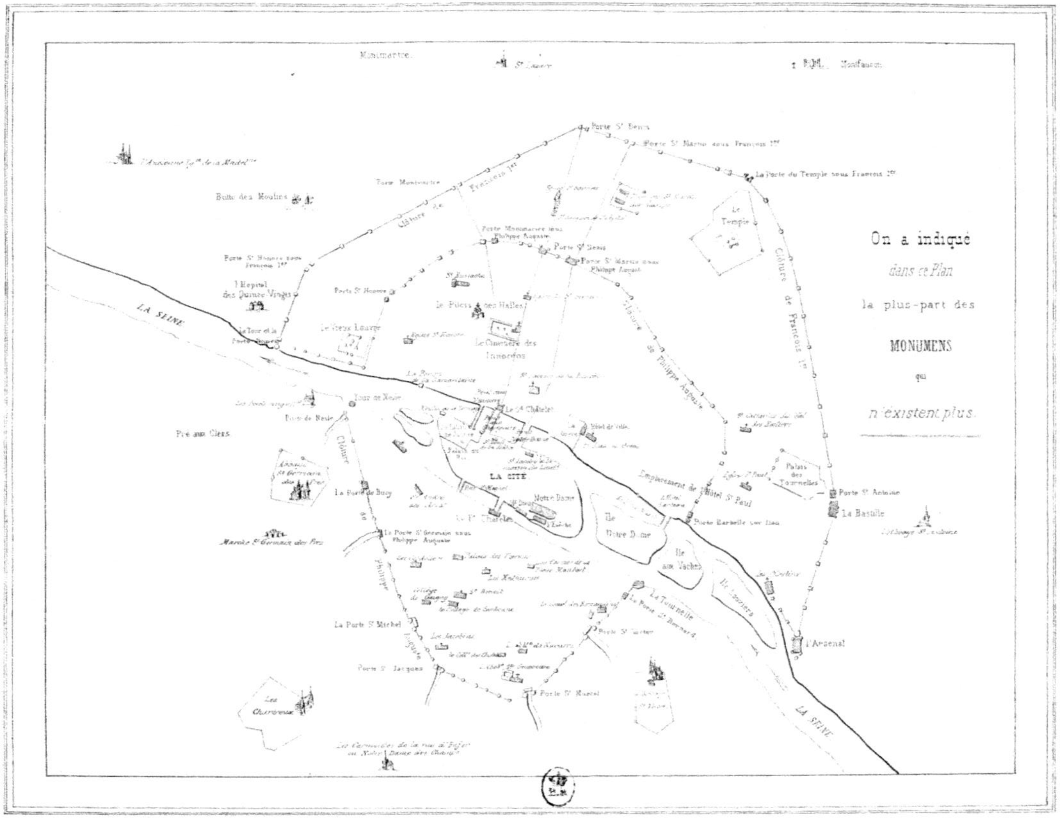

L. Hotel de Ville, en 1583.

1

N° 1.

Hôtel de Ville en 1583.

L'ancien lieu, où souloyent s'assembler les bourgeois pour tenir leur parlouër (depuis que la ville fut close du costé de l'Université), ne convenant plus, et que pour succession des choses le corps de ville est venu en sa perfection, aussi a-ton-veu laggrandissement de la gloire de ceux qui y ont cōmandé, a esté bastie de nostre tems * *la Maison de Ville* sur le portail de laquelle sont escrites les paroles suivantes :

Senatui, populo, equitibús que Parisien. Piè de se meritis, Franciscus primus Francorum-
-Rex potentissimus, has œdes à fundamentis extruendas mandavit et curavit,
Cogendis que publicè consiliis, et administrandæ reipublicæ dicavit.
Anno a salute condita M.D.XXXIII, idibus Julii.
Incisum M.D.XXXIII idibus septembr.
Petro Viola præfecto Decurionum, Claudio Daniele, Ioanne Bartholomæ, Martino Bragelonio,
Ioane Curtino Decurionibus.
Dominico Cortonensi architectante.

* Dans l'année 1574.

(Belleforet, *page* 230, 1er *Vol.*)

En l'année 1212, il existait sur la place de Grève une grande maison appartenant à Philippe Cluin, chanoine de Notre-Dame. Philippe-Auguste l'ayant trouvée à sa convenance, en fit l'acquisition, et dès-lors elle changea son surnom de *Maison de la Grève* contre celui de *Maison aux Piliers*, à cause des piliers qui la soutenaient. Plus tard on l'appela *Maison aux Dauphins*, parce qu'elle appartint pendant quelque temps aux *Dauphins de Viennois*. Jean d'Auxerre, receveur des gabelles de la prévôté de Paris, la donna à *la Ville* en échange de 2,880 livres parisis, le 7 juillet 1357. Jusqu'à cette époque les officiers municipaux n'avaient pas eu d'endroit convenable pour tenir leurs séances. Le premier était situé à *la Vallée de Misère*, connu sous le nom de *Maison de la Marchandise*; le deuxième, nommé le *Parlouer aux Bourgeois*, près du grand Châtelet, et le troisième à la porte Saint-Michel, près du *Clos aux Bourgeois*.

Pierre de Viole, prévôt des marchands, posa la première pierre (sous François Ier, en 1533) de l'édifice qu'on voit aujourd'hui. Resté longtemps en construction, le roi Henri II chargea un architecte italien, nommé Dominique Cortone, de terminer l'Hôtel de Ville. C'est sur ses dessins que l'on a continué à bâtir, et ce ne fut que sous le règne de Henri IV que tout l'édifice fut achevé.

(*A. D.*)

(D'après un dessin à la plume de J. Cellier, calligraphe dessinateur, en 1583, aux manuscrits de la Bibliothèque du Roi.)

N° 2.

Eglise et Couvent

DES

Grands-Augustins.

Les ermites de Saint-Augustin ne furent réunis en un seul corps que sous le pontificat d'Alexandre IV en 1256. Ils s'établirent à Paris sous le règne de saint Louis en 1256, près la porte Montmartre. Ils quittèrent cet endroit pour en occuper un plus vaste nommé le *Chardonnet*, puis ils occupèrent un autre terrain qu'ils achetèrent à l'abbaye Saint-Victor; mais ce lieu étant trop solitaire et trop éloigné pour leurs quêtes, ils traitèrent avec les pères de la Pénitence de J.-C., plus connus sous le nom de *frères Sachets*, établis par saint Louis sur les bords de la Seine, et que leur pauvreté contraignit à vendre leur couvent; les augustins s'en emparèrent en 1293. Ce terrain occupait tout l'espace des rues des Grands-Augustins, Dauphine, Christine, le quai jusqu'à l'hôtel de la Monnaie. Près de la grande porte, qui était sur le quai, fut inhumé Raoul de Brienne, comte d'Eu, connétable de France, décapité à l'hôtel de Nesle.

Charles V fit rebâtir leur église en 1443; la dédicace n'eut lieu que sous son successeur en 1463. On y remarquait les tombeaux du poëte Remy Belleau, de Pibrac et de l'illustre Philippe de Comines. La chapelle du Saint-Esprit était très ornée; elle avait été construite et dédiée en mémoire de l'institution de l'ordre du Saint-Esprit par Henri III. La première cérémonie de cet ordre y fut célébrée le 1er janvier 1579; c'était aussi dans cette même chapelle que se réunissait la confrérie des pénitens nommés *Blancs-Battus*, fondée aussi par Henri III, en mars 1583. Les augustins prenaient le titre de chapelains du roi. Henri III y reçut l'ordre de la Jarretière le dernier février 1585. C'était à cette église que se rendait la procession du 22 mars, établie en mémoire de la reddition de Paris sous Henri IV, à pareil jour, 1594; ce fut là aussi que Louis XIII fut reconnu roi, et Marie de Médicis déclarée régente. L'assemblée des états-généraux fut ouverte dans ce couvent le 27 octobre 1614. Il fut supprimé et démoli en 1790 : le marché à la volaille le remplace.

(*A. D.*)

(*Le dessin d'après* Millin, St.-Victor *et plusieurs gravures anciennes.*)

Eglise & Couvent des grands Augustins. (An 1463)

N° 3.

Le Vieux Louvre.

Le roy Philippe-Auguste fist bastir cette grosse tour du Louvre comme la royne des chasteaux de France, à laquelle tous les fiefs devoient venir faire hommage comme tesmoing que toute la noblesse de France dépendoit du roy, et lui devoit foy et hommage, assistance et obéissance. Cet édifice est un des plus rares à présent pour l'excellence de son architecture, qui se trouve guère en l'Europe, et en une assiette, et belle, et autant forte qu'homme sauroit imaginer, ayant de tous costés l'air libre, la rivière de Seine qui lui est à l'objet, et le chemin uny pour aller aux Thuileries.

BELLEFOREST, Cosmographie universelle.

La Tour du Louvre.

Au centre de la cour étoit la grande tour bâtie par Philippe-Auguste ; on l'appeloit aussi la *Tour-Neuve*, la *Tour de Paris*, la *Forteresse du Louvre*, la *Tour-Ferrand*. Le dernier prisōnier qui y fut mis sous Louis XI, c'étoit Jean II, duc d'Alençon ; elle fut abattue sous François Ier.

(Il y avait outre cella ?)

La Tour de la Librairie.		La Tour de la Taillerie.
Idem de l'Horloge.	La Tour du bois.	*Idem* de la Chapelle.
Idem de l'Artillerie.	*Idem* de l'Armurerie.	*Idem* de la petite Chapelle.
Idem du Fer-à-Cheval.	*Idem* de la Fauconnerie.	*Idem* du pont des Tuileries.
Idem de Windal.		*Idem* de l'Écluse.

Il y en avait vingt-trois en comptant les tourelles ; six restaient encore sous Louis XIII, qui les fit démolir.

C'est à dater du règne de Philippe-Auguste que le Louvre commença à être connu. Ce château (dont le nom vient, dit-on, de *Lupara*, lieu pour la chasse au loup) était situé dans une vaste plaine, hors des murs de Paris.

Il servait de maison de campagne à nos rois, de forteresse et de prison.

La grande tour servit à enfermer trois comtes de Flandre : Ferrand, Guy et Louis ; elle reçut tour-à-tour, Jean, duc de Bretagne, le comte de Richemont et de Monfort, puis Enguerand de Marigny, Charles-le-Mauvais, roi de Navarre, Jean de Grailly, captal de Buch, qui y mourut de chagrin.

Les révoltés de Paris, sous Charles VI, y emprisonnèrent Charles des Essards, le duc de Bar et le comte de Dammartin.

Après Charles VI, qui même depuis sa maladie ne l'avait plus que fort peu habité, ce château fut abandonné de nos rois, ou n'y logèrent que très rarement, et l'hôtel Saint-Paul ou le palais des Tournelles devint leur demeure ordinaire.

En 1528, François Ier fit faire un nouveau bâtiment ; il fut continué sous Henri II, puis sous Charles IX, Henri III et Henri IV.

On y travailla aussi sous Louis XIII, et ce fut Louis XIV qui le fit terminer en 1670.

(D'après un tableau de la fin du 14e siècle.)

N° 4.

Le Collége de Navarre.

1440.

Le collège de Navarre, le quel proprement on deut appeller *de Champaigne*, a cause que fut la royne Jeanne epous du roy Philippe-le-Bel, la quelle estoit comtesse Palatine de Champaigne et Brie qui le fonda. La beauté de ce collège est telle que tant pour icelle que pour egard de sa fondation, la plus part des princes y sont nourris, et y apprennent les lettres. C'est en ce collège que se gardent les *chartes*, et thrésor de l'Université, telles que sont les fondations, libertez, immunitez, et privilèges octroyés aux facultés d'icelle..... Se aurait-on voir une police mieux ordonnée, ny une ville mieux régie que cette assemblée scolastique souz divers chefs, tels que sont un grand-maistre, un principal des grammairiens, un proviseur, un souz-maistre, &..... Ce que je vois en icelle de plus rare est la *libraire*, la quelle ne doit guère grand chose à celle de Saint-Victor, soit en nombre de livres, ou en bonté, ou rareté des volumes des auteurs de toutes sciences et de toutes langues. Ce collège est divisé en petit et gran Navarre, et ne va yor personn ès arts que ceux qui sont demourans en iceluy, de peur que la fréquentation des *martinets* (ainsi appelle-t-on ceux des escoliers, qui se tiennent par ville hors collèges), n'altère aucunement la sévère façon de vie de ces réformés de ce collège royal. La première fondation de ce beau lieu n'a pas esté de si peu déffait que la royne susnommée n'y aye donné 2000 liv. de rente sur son domaine de Brie et de Champaigne, lors qu'elle le fonda de l'an de nostre Seigneur 1304, et l'a fait faire si fort, et de tel circuit qu'il y a plusieurs villes closes en France qui ne sauroient āprocher de la grandeur et en ceint des murs de ce collège où sont honorez saint Louis et saint Guillaume, archevesques de Bourges.

Belleforest, Cosmographié, page 194.

Le collége de Navarre, fondé en 1304, en vertu d'un legs fait par Jeanne de Navarre, femme de Philippe-le Bel, rebâti sous Louis XI, fut, jusqu'à l'époque de la révolution, un des dix grands colléges de Paris. Supprimé à cette époque, il a été occupé depuis par l'École Polytechnique.

(Dictionnaire historique de Paris.)

N.º 4.

Le Collége de Navarre. (An 1440.)

3

N° 5.

Ancien Portail de St Eustache (An 1642)

4

N° 6.

Ancienne Porte Saint Denis. (An 1483)

5

Ancien Portail de Saint-Eustache.

On ne sait rien de bien positif sur cette église (Saint-Eustache); elle remplace une petite chapelle de Sainte-Agnès qui existait en cet endroit au XIIe siècle, et fut érigée en paroisse. L'église actuelle fut commencée le 19 août 1532 et terminée en 1642. Le portail actuel fut commencé en 1753.

Ancienne Porte Saint-Denis.

La première porte Saint-Denis était près de la rue de Ferronnerie; sous Philippe-Auguste elle était située entre la rue Mauconseil et celle du Petit-Lion; sous Charles V et Charles VI on la recula jusqu'au coin de la rue des Deux-Portes, et enfin sous Louis XIV où elle est maintenant.

A l'entrée que fist le roy Louis XI a la dite ville de Paris, par la dite porte de Saint-Denis, il trouva une moult belle nef en figure d'argent, portée par haut contre la maçonnerie de la dite porte dessus le pont-levis d'icelle, en signifiance des armes de la dite ville.

(Jean-de-Troye. *Mémoires.*)

De 1460 a 1483.

N° 7.

Eglise des Bernardins.

1558.

Le collége ou couvent des Bernardins était rue de Pontoise, près le Jardin du Roi. En 1224, Étienne de Lexinton, anglais de naissance, abbé de Clairvaux, fonda ce collége sur un terrain situé dans le clos du Chardonnet; l'église ne commença à s'élever qu'en 1338, d'après les ordres du pape Benoît XII, fils d'un boulanger de Toulouse, ancien religieux de Citeaux, qui, de la chaire obscure d'un professeur du collége des Bernardins de Paris, était parvenu jusqu'au trône pontifical. Cette église, chef-d'œuvre d'architecture gothique, ne fut pas entièrement démolie lors de la suppression des couvens; elle sert de magasin pour un dépôt de farines.

N° 8.

Le petit Châtelet.

1500.

Le petit Châtelet était situé à l'extrémité du Petit-Pont, du côté du midi. Son origine était la même que celle du grand Châtelet : c'était une forteresse servant de porte à la ville de Lutèce ou Paris, renfermée sous César dans la Cité. Le petit Châtelet soutint le siége des Normands; il fut entièrement reconstruit sous Charles V. Par une ordonnance du 20 avril 1402, Charles VI en fit l'hôtel du prévôt de Paris; sous Charles VII, le prévôt obtint la permission de se loger ailleurs. Le petit Châtelet servit longtemps de prison publique jusqu'en 1782, où il fut démoli.

Eglise des Bernardins.

6

Le Petit Chatelet (An 1500)

7

Nouveaux Lith. d'après Pernot

Imp. d'Aubert et C.ie

La Tour de Nesle
et la Porte du même nom.

La Tour de Nesle

ET

la Porte du même nom.

La tour et la porte de Nesle furent bâties en 1200. C'est là que se terminait l'enceinte élevée par Philippe-Auguste. On les appela d'abord *Tour* et *Porte de Philippe-Hamelin*. Elles occupaient l'emplacement où nous voyons la cour de l'ancien collège Mazarin et le pavillon de la bibliothèque de l'Institut.

Brantôme rapporte (un peu légèrement, dit-on) qu'Isabeau de Bavière, après avoir assouvi ses impudiques désirs, faisait précipiter ses amans du haut de la tour de Nesle dans la rivière.

(*Dictionnaire historique de* Paris, *p.* 3, 1er *vol.*)

En 1771 on construisit l'*Hôtel des Monnaies* sur un terrain voisin et dépendant de la tour de Nesle; avant cette époque, en 1661, on construisit, par l'ordre du cardinal Mazarin, la bibliothèque qui prit son nom. C'est à ces époques diverses que disparurent toutes les constructions qui rappelaient le nom si connu de *Nesle*.

(*Auteurs divers.*)

Dessiné par F. A. Pernot, d'après un tableau de 1635 placé au Musée historique de Versailles, salle des Châteaux Royaux (1838).

Ancienne Église de la Madeleine.

L'église de la Madeleine ne fut d'abord qu'une chapelle de confrérie dont Charles VIII posa la première pierre en 1493. Cette chapelle, érigée en paroisse en 1639, devint bientôt trop petite pour la population croissante de ce faubourg; de sorte qu'en 1660, Anne-Marie-Louise d'Orléans, princesse souveraine de Dombes, posa la première pierre de l'église plus grande, qui a subsisté au coin des rues de Suresne et de la Madeleine jusqu'en 1795, époque à laquelle cette église a été vendue comme domaine national. Démolie et convertie en chantiers.

Le grand Châtelet.

La justice que nous appelons du *Chastelet* n'estoit en force ny sous les Merovingiens ny sous les Pepins, et ainsi nous concluons que, du temps de Capet et de ses successeurs, le Chastelet, servant aux Romains jadis de forteresse et de lieu pour lever les tributs, fust employé pour administrer justice à cette grande cité et aux villages, et villes qui lui sont à l'entour..... Au Chastelet est duë la police de toute antiquité, si bien que a esté un temps que l'Hostel-de-Ville mesme, et les droits qui en dépendent pour le fait de bourgeois, dépendoient du Chastelet.

(BELLEFOREST, *page* 183, 1er *Vol.*)

Le grand Châtelet fut une des anciennes portes de Paris. On pense que J. César fit construire le grand et le petit Châtelet comme deux forteresses capables de réprimer toute tentative séditieuse des habitans de Lutèce. Paris alors était renfermé dans la Cité. Sous Charles-le-Gros, le grand et le petit Châtelet soutinrent les attaques des Normands, qui, après un siége de dix mois, furent obligés de se retirer. Le grand Châtelet était situé au bout du Pont-au-Change, où nous voyons maintenant la place du *Châtelet*. Cet antique château avait été plusieurs fois réparé et agrandi ; depuis 1684, il ne lui restait plus que quelques vieilles tours de sa première construction, et il fut entièrement démoli en 1802. Avant la révolution, un *présidial* était établi dans ce château : on l'appelait la *Justice du Châtelet*.

Nouveaux Lith. d'après Pernot.

Imp. d'Aubert & C.ᵉ

Ancienne Eglise de la Madeleine.

Le Grand Châtelet.

Hotel St. Paul.

N° 12.

L'Hôtel Saint-Pol ou Saint-Paul.

L'hôtel Saint-Paul fut bâti par Charles V, qui, dans son édit du mois de juillet 1364, lui donne le nom d'*Hôtel solennel des grands Ébattemens*. Ses bâtimens et ses vastes jardins s'étendaient des bords de la Seine à la rue Saint-Antoine; le roi, sa famille et sa cour, y occupaient de grands appartemens, lesquels avaient presque tous leur chapelle, leurs jardins, leurs préaux et leurs galeries. Cet hôtel, dit Sauval, comme toutes les autres maisons royales de ce temps-là, était accompagné de grosses tours : on trouvait que ces tours donnaient au corps de bâtiment un air de domination et de majesté. Les jardins n'étaient point plantés d'ifs et de tilleuls, mais de pommiers, de poiriers, de cerisiers et de vignes. C'est d'une treille et d'une cerisaie que les rues Beautreillis et de Cerisaie ont pris le nom. Les basses-cours étaient flanquées de colombiers et remplies de volailles fournies par les fermiers du roi. Il y avait des barreaux de fer à toutes les fenêtres avec un treillage de fil d'archal pour empêcher les pigeons de venir faire leurs ordures dans les chambres, etc., etc.

Quelques auteurs disent que le roi de France avait de quoi loger à l'hôtel Saint-Pol vingt-deux princes de la qualité du dauphin et du duc de Bourgogne. Il s'était agrandi considérablement depuis Charles V, car on y avait joint l'hôtel Barbeau ou de la *Roine*, l'hôtel du petit *Muce* ou *Musc*, celui de l'abbé de Saint-Maur et l'hôtel du comte d'Estampe, qui était un véritable donjon. Il y avait aussi, comme aux Tournelles, une ménagerie, et c'est sur son emplacement qu'est maintenant la rue des Lions-Saint-Paul. En 1519, François Ier vendit quelques-uns de ces bâtimens. En 1651, le reste fut acheté par des particuliers et tout a disparu. Les noms seuls dont nous venons de parler, restés à des rues, attestent l'existence de cette belle résidence royale, dont peu de chose rappelle le souvenir si historique.

(Auteurs divers.)

Le dessin est d'après une gouache du 14e siècle, et le Plan de tapisserie.

Nota. Les auteurs divers qui ont écrit sur Paris, sont : Belleforest, Corrozet, Pasquier, Bonfons, Dubreul, Germain Brice, Félibien, dom Lobineau, Jaillot, Picagnole de la Force, Lemaire, Saint-Foix, l'abbé Le Bœuf, Hurtaut de Magny, Saint-Victor, A. Béraud, P. Dufey, Millin et Dulaure.

La Porte Montmartre.

Lorsque Philippe-Auguste fit construire son mur d'enceinte, on plaça de ce côté de la ville, entre la rue du Four et la rue Plâtrière, une porte qu'on nomma d'abord également *Montmartre* et *Saint-Eustache*, parce qu'elle était voisine de l'église de ce nom. En 1380, cette porte fut démolie et reconstruite à la hauteur de la rue Neuve-Saint-Eustache et de la rue des Fossés-Montmartre (qui doit son nom aux fossés d'enceinte en face desquels elle était située). En 1633, cette seconde porte fut abattue, reportée près de la rue des Jeûneurs; on la démolit enfin en 1700. Sous François Ier, la porte de 1380 avait été murée par des magistrats de la ville.

(A. D.)

Le dessin est d'après le Plan de tapisserie et diverses gravures anciennes.

Eglise et Couvent

des Petits-Augustins.

D'ap. Saint-Victor.

La fondation de ce couvent ne remonte qu'en 1613. Marguerite de Valois, première femme de Henri IV, fit cet établissement pour acquitter un vœu qu'elle avait fait pendant son séjour au château d'Usson, où elle avait été renfermée. Elle acheta une vaste maison contiguë à son palais du faubourg Saint-Germain, avec l'idée de faire bâtir un couvent. Elle commença d'abord par la chapelle, mais toujours inconstante dans ses affections, elle substitua aux augustins déchaussés ceux de la *réforme de Bourges*, sous plusieurs prétextes, et principalement parce qu'ils ne chantaient pas les airs qu'elle composait elle-même. Ce couvent fut supprimé en 1790; il devint le Musée des Monumens Français; maintenant l'École des Beaux-Arts le remplace.

La Porte Montmartre.

Eglise et Couvent des petits Augustins.

Portail de St Jacques la Boucherie.

Vue de l'Eglise St André-des-Arcs.

N° 15.

Portail de Saint-Jacques

de la Boucherie.

Saint-Jacques-de-la-Boucherie existait dès le XIIIᵉ siècle. Il avait pris son nom de la boucherie de la Porte de Paris qui était dans son voisinage, et l'église ainsi que la tour ne furent achevées que sous François Iᵉʳ. En 1399, Nicolas Flamelle, et Pernelle, sa femme, firent bâtir le portail. On y voyait encore, en 1761, leurs figures sculptées en plusieurs endroits, et ils avaient leur tombeau dans l'église. Cette dernière fut démolie en 1790.

(*A. D.*)

Le dessin d'après MILLIN *et* SAINT-VICTOR.

N° 16.

Vue de l'Église Sᵗ-André-des-Arcs

ou Arts.

D'AP. UNE ANCIENNE GRAVURE.

L'église Saint-André-des-Arcs ou des Arts fut bâtie en 1212 par les soins de l'abbé de Saint-Germain-des-Prés. Au VIᵉ siècle, il y avait un oratoire dédié à *saint Andiol*, sur l'emplacement même de cette église, qui fut démolie entièrement de 1783 à 1800. On fit à la place quelques maisons, puis un espace qu'occupe la *place Saint-André*.

(*A. D.*)

Le Palais des Tournelles.

D'APRÈS UN DESSIN DU TEMPS (1407),

ET LE PLAN DE TAPISSERIE (*).

Le palais des Tournelles, situé vis-à-vis l'hôtel Saint-Paul, occupait l'emplacement où sont situées la place Royale, la rue de la Chaussée-des-Minimes et celles des Tournelles, de Saint-Gilles et du Parc-Royal. On l'avait nommé des *Tournelles*, parce qu'il était environné de tours. Son premier propriétaire connu fut Pierre d'Orgemont, chancelier de France; il appartint successivement aux ducs d'Orléans et de Berri. Charles VI l'habita en 1410. Après la mort de ce prince, le duc de Bedfort, prétendu régent de France au nom du roi d'Angleterre, s'en empara, et de l'argent des Français, fit de ce séjour la demeure la plus magnifique du temps. Après l'expulsion des Anglais, Charles VII vint l'habiter; Louis XII y mourut le 1er janvier 1515, et Henri II (le dernier qui y logea) le 15 juillet 1559. Ce vaste palais fut démoli en 1565.

(*Dictionnaire historique de* PARIS.)

Derrière le groupe des *Tournelles* (ou Tourelles) on apercevait des chênes qui s'élançaient des cours ou des bords des viviers où ils étaient plantés. On voyait la cour des Lions avec ses ogives basses sur des courts piliers saxons. Au-delà, à droite, on apercevait le fameux jardin *Dedalus*, donné à Coictier par Louis XI; l'observatoire du docteur s'élevait comme une grosse colonne isolée ayant une maisonnette ronde pour chapiteau : là est aujourd'hui la Place-Royale. Dans le lointain, on voyait, en partant de gauche, le château de *Vincennes*, l'abbaye *Saint-Antoine*, et au bout de la rue du même nom, *la Bastille* et la porte *Saint-Antoine*.

(*A. D.*)

(*) Le *Plan de Tapisserie* était ainsi nommé parce que l'original, qui remonte à une date incertaine, était brodé sur une ancienne tapisserie. Vers 1540 on en fit plusieurs copies à la gouache, et il fut gravé en 1818 par Mlle NAUDET.

Le Palais des Tournelles.

N° 18.

Imp. d'Aubert & C.ie

Les Celestins.

Les Célestins.

D'APRÈS UN DESSIN A LA PLUME FAIT PAR JACQUES CELLIER, CALLIGRAPHE (1583).

L'ordre des célestins fust institué par un nomé Pierre de Moron, faisant profession de solitude, et qui fust choisi pour commander sur toute l'église, et fust fait pape sous le nom de *Célestin cinquième;* il vivait du temps de Philippe-le-Bel, et ses religieux vindrent à Paris après la mort de leur père. Je laisse la magnifique structure de leur maison..... et vous peux dire que si il y a rien de beau à Paris, c'est la chapelle d'Orléans, en la quelle est presque toute la famille d'Orléans enterrée, sauf les roys qui en sont sortis; car nos roys depuis Loys douzième sont de l'estoc et famille d'Orléans. Loys, fils de Charles-le-Quint, qui fust occis traîtreusement à Paris par les menées du duc de Bourgoigne, repose avec son épouse Valantine aux Célestins. Lusignan, roi d'Armenie; Paul de Termes, mareschal de France; d'Espinay, archevesque de Lyon et de Bourdeaux, primat de France et d'Aquitaine, y ont aussi leurs tombeaux.

(BELLEFOREST, page 225.)

Le couvent des célestins était un des plus beaux et des plus riches de Paris. Les bâtimens anciens dataient de 1259, 1318, 1362, 1357. On commença à reconstruire le couvent en 1539; l'église renfermait les cendres d'une foule de personnages célèbres. Outre ceux dont parle Belleforest, il y avait les restes d'Antoine Perez, ministre de Philippe II; de Zamet, de Philippe Chabot, amiral de France. Un monument de Germain Pilon renfermait les cœurs de Henri II, de Catherine de Médicis, de Charles IX et de François, duc d'Anjou; on remarquait aussi deux colonnes de marbre blanc supportant deux urnes, dont l'une renfermait le cœur de François II; l'autre, celui d'Anne de Montmorency, etc., etc..... Le cloître des célestins était cité comme un des plus beaux qu'il y eût; le jardin, qui était vaste et bien entretenu, régnait le long des murs de l'Arsenal. La bibliothèque était riche en livres rares et précieux; elle est devenue celle de Monsieur, et maintenant bibliothèque de l'Arsenal. L'ordre des célestins fut supprimé en 1778. En 1785 l'institution des Sourds-Muets, dirigée alors par l'abbé de l'Épée, occupa un moment ce monastère; depuis, une partie des bâtimens a été vendue à différens particuliers; l'autre convertie en caserne.

(*Auteurs divers.*)

La Galerie Dauphine

DANS LA COUR DU PALAIS,

(Le Palais-de-Justice.)

La Galerie Dauphine était construite dans la principale cour du Palais-de-Justice, le long de la grande salle à laquelle on a donné le nom de *Salle des Pas-Perdus*. Cette salle, la plus vaste que l'on connaisse en France, servait à nos rois pour y recevoir les ambassadeurs. C'était là qu'on donnait des festins publics et qu'on célébrait les mariages des Enfans de France. Cette salle était ornée des statues de nos rois depuis Pharamond jusqu'à François 1er; une inscription annonçait la durée du règne du roi que la statue représentait et la date de sa mort; là aussi était la fameuse *table de marbre*, qui avait une dimension extraordinaire; elle servait aux festins royaux. C'était sur cette table que les clercs de la basoche représentaient leurs farces. Un premier incendie en 1618, le 6 mars, fit disparaître une partie de la salle, la table, et un second incendie en 1776 amena des changemens intérieurs et extérieurs, et la Galerie Dauphine disparut.

(A. D.)

Voyez GERMAIN BRICE, CORROZET, PASQUIER, BONFONS, DUBREUL, FÉLIBIEN, Dom LOBINEAU, JAILLOT, PIGAGNOL DE LA FORCE, LEMAIRE, SAINT-FOIX, l'abbé LEBEUF, HURTAUT DE MAGNY, MILLIN et DULAURE.)

(Le dessin est d'après une gravure de SYLVESTRE.)

La Galerie Dauphine.
(Palais de Justice.)

Imp. J. Aubert & Cie

Eglise St Paul.

L'Église Saint-Paul.

L'église Saint-Paul n'était dans l'origine qu'une chapelle que fit bâtir saint Éloy hors de l'enceinte de Paris; on l'appelait chapelle de *Saint-Paul-des-Champs;* elle fut érigée en paroisse en 1107, et devint celle des rois, qui habitaient alors l'hôtel Saint-Pol ou Saint-Paul et le palais des Tournelles. L'église, élevée sous Charles V, possédait plusieurs tombeaux présentant d'étonnans contrastes. — Jacques Bourdin, secrétaire des finances sous Charles VIII et Louis XII, mort en 1324, et François Rabelais, curé de Meudon, auteur de *Pentagruel* et de *Gargantua*, étaient enterrés à Saint-Paul; il y avait aussi Robert Senaux, évêque d'Avranches, mort en 1560; puis c'est là que furent inhumés les trois favoris de Henri III, Jacques de Levi, Maugiron et Saint-Mégrin. Mais les monumens fastueux de ces trois individus peu intéressans sous tous les rapports, furent détruits le 29 décembre 1588 par le peuple, qui courut à Saint-Paul aussitôt qu'on apprit à Paris l'assassinat des Guises à Blois. L'église fut démolie à son tour dans le courant de la révolution; des maisons ordinaires la remplacent dans la rue du même nom.

(A. D.)

La Porte Saint-Antoine en 1700.

Ce fut près de l'ancienne Porte Saint-Antoine que Marcel, prévôt des marchands, fut tué d'un coup de hache d'armes par Maillard en 1358. Elle fut reconstruite au-delà des murs de la Bastille par Mazeteau, sous Henri II, pour renfermer cette forteresse dans la nouvelle enceinte de la ville. Sa forme était celle d'un arc de triomphe, surmonté de la statue de saint Antoine; on y remarquait divers ouvrages de sculpture de Jean Goujon. Henri III fit son entrée par cette porte comme roi de Pologne, en 1573. Sous Louis XIV, en 1671, elle fut restaurée, et démolie en 1778.

(A. D.)

Le Pont Saint-Michel en 1550.

En 1378, on construisit un pont qui prit le nom d'une petite chapelle située près le Palais-de-Justice ; terminé en 1387, il fut renversé par une inondation en 1407 ; rebâti en pierre, on le nomma Petit-Pont-Neuf ; emporté par les glaces en 1547, on le reconstruisit seulement en bois, et il reprit son ancien nom de Saint-Michel ; il ne put résister à une nouvelle inondation arrivée en 1616. C'est alors qu'on le rebâtit en pierre tel qu'on le voit aujourd'hui.

(A. D.)

Eglise de Saint-Denis de la Châtre.

L'église Saint-Denis de la Châtre était située à l'extrémité méridionale du pont Notre-Dame. Elle avait pris son nom d'une cave ou souterrain qui était au-dessous et dans lequel on disait que Sisinnius avait fait renfermer saint Denis, premier évêque de Paris, saint Rustique et saint Eleuthère. On y montrait les chaînes qui avaient touché leurs membres, mais cependant sans fondement certain. L'église avait été érigée en 1122. Elle fut supprimée en 1790.

(A. D.)

La Porte St Antoine (17oo)

Le Pont St Michel (155o)

Eglise de S.t Dénis de la Chartre.

La porte S.t Honoré au 13.me Siècle.

Nouveaux d'après Pernot.

Lith. de Fourquemin.

L'Abbaye St Germain-des-prés.

La Porte Saint-Honoré

AU XIIIme SIÈCLE.

La porte Saint-Honoré était placée au XIIIe siècle dans la rue du même nom en face l'Oratoire ; sous Charles V, elle fut portée près de la rue du Rempart ; puis en 1631, à l'extrémité de la rue Saint-Honoré, près la rue Royale. C'était la seule des anciennes portes de Paris qui fût restée sous les rois Louis XIV et Louis XV. On commença à l'abattre le 15 Juin 1733.

L'Abbaye Saint-Germain-des-Prés.

La première fondation royale qui fut faite après celle de l'église Sainte-Geneviève, est celle de Saint-Vincent, hors les murs, laquelle on nomme maintenant Saint-Germain-des-Prez, de laquelle fut fondateur *Childebert*, roy de Paris et de France. Il y eut son tombeau derrière le grand autel, selon la simplicité, ou plus tôst grosserie du temps.

En cette église sont enterrés *Chilpérich*, fils de *Clothaire*.

Puis *Clothaire*, second de ce nom, lequel il engendra *Fredegonde*.

Puis *Bertrude*, royne, femme de *Childebert*, et *Fredegonde* la meurtrière.

Il y est encore mis en terre le roy *Clothaire*, père de *Dagobert*, fondateur de l'abbaye St-Denis.

Après la mort de saint Germain, son corps fut transporté dans le cœur par la volonté du roy *Pepin-le-Bref*, fils de *Charles Martel*, ayant avec lui *Charlemagne*, son fils.

L'église fut aussi dédiée à ce saint évesque, et elle, et tout le fauxbourg, portent le nom de Saint-Germain.

(F^{ois} BELLEFOREST, *Cosmographie universelle*, page 209, 1er vol.)

L'église et l'abbaye Saint-Germain-des-Prés furent fondées en 543 par Childebert 1er, sous l'invocation de la sainte Croix et de saint Vincent.

Les bâtimens ne furent achevés qu'en 557.

Le nom fut changé en celui de Saint-Germain lors de translation du corps de saint Germain, évêque de Paris ; on ajoute *des Prés*, parce que cette abbaye était située au milieu des champs.

Elle fut saccagée par les Normands en 845, 857 et 858, et brûlée en 861 et 885. En 1014, on bâtit une nouvelle église.

Il ne reste de *Childebert* qu'une seule tour, dont le bas sert de porche à l'église. Auprès de cette tour on vit jusqu'en 1514 une statue de la déesse ISIS. Les deux autres tours menaçant ruine furent abattues de 1820 à 1825, et la chapelle de la Vierge, à droite de l'église, est devenue une maison particulière. C'est près de l'abbaye Saint-Germain qu'était situé le *Pré-aux-Clercs*.

(*Auteurs divers.*)

(*Le dessin est tiré de l'ouvrage de dom* BOUILLART, *1724, et fait d'après un tableau du* XIVe *siècle.*)

Église Saint-Benoît en 1550.

L'église Saint-Benoît existait avant l'an 1000 ; ce n'était alors qu'une simple chapelle qui portait le nom de saint Bache ou Bacq, parce qu'elle possédait des reliques de ce saint, l'un des plus obscurs de la légende. En 1290, Henri 1er l'érigea en paroisse.

On lui donna dans la suite le nom de Saint-Benoît, parce que les moines qui la desservaient suivaient la règle de saint Benoît. Son maître-autel, tourné à l'occident, contre l'usage, fit ajouter à ce nom celui de *Bétourné*, c'est-à-dire *mal-tourné* ; mais sous François 1er, qui fit bâtir la nef et le portail, on changea la disposition de ce maître-autel, et alors l'église prit le nom de Saint-Benoît le *Bistourné* ou le *Bien-tourné*, et par corruption le *Bestournet*.

Cette église fut embellie intérieurement d'après les dessins de Claude Perrault, l'architecte de la colonnade du Louvre, de l'Observatoire, etc... Il y fut enterré ainsi que son frère Charles, le spirituel antagoniste de Despréaux ; là étaient aussi les tombeaux de René Chopin, fameux avocat au parlement sous Henri III ; de Jean Domat ; de Gérard Audran, fameux graveur du XVIIe siècle, et de Michel Baron. L'église Saint-Benoît, supprimée en 1790, servit longtemps de magasin à farine ; maintenant c'est un théâtre.

(Dictionnaire historique de Paris.)

(Le dessin est d'après nature en 1820, et d'anciennes estampes.)

L'Abbaye S.t Benoit.

Reste du Palais des Thermes.
en 1820.

Restes du Palais des Thermes
en 1820.

Julian (Julien), citoien de Paris, où il fut proclamé empereur, feist bastir l'hostel de Clugny qui estoit en un champestre, et luy servoit de lieu de plaisance et séjour, lorsqu'il vouloit prendre relasche de ses travaux et affaires d'importance.

Et pour mieux aiser, ce lieu y avoit ses bains chauds, *Thermarum Cæsaris*, et y avoit un aqueduc pour conduire les eaux, lequel duroit des Arcueil, village assis près de Paris, et qui fut découvert l'an 1544, lorsque le Roy François 1er du nom, foisoit remparer la ville de Paris du costé de la porte Saint-Jacques. On trouva les arcs, voultes et canaux, par lesquels l'eau venoit jusques au palais susnommé, etc.

(F^{ois} Belleforest, Comingeois, Cosmographie univ., page 177, 1er vol.)

La seule antiquité romaine que Paris ait conservée, se trouve dans la rue de la Harpe, entre deux maisons modernes qui l'ont cachée jusqu'en 1820. Ce dernier débris d'un palais impérial, battu en brèche par quinze siècles, rappelle César et la conquête des Gaules.

Dans l'intérieur, une voûte de 40 pieds s'élève fièrement au-dessus d'une salle immense, d'une architecture noble et simple à la fois.

On remarque sous le plancher une étuve pour faire chauffer l'eau que des conduits de pierre encore existant, allaient chercher aux sources d'Arcueil. Constance-Chlore, Julien et les empereurs Valens et Valentinien, occupèrent ce palais en 365, ainsi que les rois mérovingiens.

(*A. D.*)

(*Le dessin est d'après nature en 1820.*)

L'Abbaye Saint-Antoine.

L'abbaye Saint-Antoine fut fondée en 1198 pour des filles repenties.

Louis VIII, fils de Philippe-Auguste, voulant signaler par un monument pieux la joie que lui causa la naissance d'un fils (saint Louis), fonda l'église et donna aux religieuses des terrains immenses situés entre Paris et Vincennes. Sur ces terrains furent bâties dans la suite les maisons du faubourg Saint-Antoine. L'abbesse prenait le titre de *Dame du faubourg Saint-Antoine*, et jouissait de tous les privilèges attachés à cette seigneurie. L'église, que nous avons vue de nos jours, fut construite par saint Louis, qui se plut à la décorer. On y conserva longtemps une inscription singulière et qui rappelait une époque bien loin de nous. Elle portait « que l'an 1257, par la « permission de MM. les prévot des marchands et échevins de la ville de Paris, fut envoyé un « nommé Pierre Mansiaux, maitre des œuvres de la ville, pour abattre l'église de céans, disant « par eux, avoir affaire de pierres pour ladite ville. Mais sitôt que ledit Mansiaux eut frappé les « premiers coups de marteau sur l'un des piliers du portail de ladite église, ledit Mansiaux fut em- « bràsé du *feu de Saint-Antoine.* * » Devant ce tableau était suspendu l'os du bras qui avait frappé le saint édifice. Cette abbaye fut supprimée en 1790, et est devenue l'hôpital Saint-Antoine.

(*A. D.*)

(*) C'est dans cette Église qu'on a veu de grans miracles des hommes touchés du *feu sacré*, qu'on nomme aussi *feu Saint-Antoine;* et où encor y a chirurgiens exprès pour couper les membres de ceulx qui sont atteints de cette maladie, afin que la contagion d'icelle ne cause la ruine de tout le corps.

(BELLEFOREST, *page* 223, *tome* 1ᵉʳ.)

Nouveaux d'après Pernot

Lith. ar Fourquemin

L'Abbaye Saint Antoine.

Nouveaux d'après Pernot   Lith. de Bourquemin

Le Fort de la Tournelle.

Nouveaux d'après Pernot   Lith. de Bourquemin

Le Pont Notre-Dame.

N° 29.

Le Fort de la Tournelle,
près la Porte Saint-Bernard.

La prison de la Tournelle était un petit château-fort situé à l'extrémité du quai auquel il a donné son nom, près l'ancienne porte Saint-Bernard.

En 1632, saint Vincent de Paule obtint du roi que les galériens y seraient renfermés. Un autre ami de l'humanité leur légua 6,000 livres de rente : ils ne vivaient que des dons de la pitié publique. Le concierge de cette prison était nommé par le ministre de la marine. La Tournelle, qui avait donné son nom à cette prison, était une vieille tour que Philippe-Auguste avait fait bâtir avec celle de Billy, près des Célestins, à l'entrée de Paris. On avait attaché à chacune de ces tours (avec la tour de Loriot élevée dans l'île Saint-Louis) de grosses chaînes de fer qui barraient la rivière; elles étaient portées sur des bateaux plats placés de distance en distance.

(Auteurs divers.)

(Le dessin est d'après le grand plan de tapisserie du 14e au 15e siècle.)

N° 30.

Le Pont Notre-Dame en 1560.

Le pont Notre Dame estant cheut l'an 1499 , on le refeit en la forme que le voyez, à sçavoir tout de pierre de taille faisant de grandes arches et renforcéz de tous cotés affin que la rivière chariant , les glaces ne puissent porter aucun préjudice ny au pont ny aux maisons basties sur iceluy.

(Belleforêt.)

C'est sur ce pont que l'infanterie ecclésiastique de la ligue passa en revue devant le légat, le 3 juin 1590. Capucins, minimes, cordeliers, jacobins, carmes, feuillans, etc...... formaient cette étrange milice. — Ce beau pont est l'ouvrage de Jean Joconde, célèbre architecte véronnais.

Il fut achevé en 1507.

(Le dessin est d'après diverses estampes anciennes.)

La Porte Saint-Martin.

Sous le roi Dagobert, la porte Saint-Martin était située à peu près à la hauteur de la rue Neuve-Saint-Merry ; sous Philippe-Auguste, on l'a reculée jusqu'à la rue Grenier-Saint-Lazare, et sous Charles V et Charles VI, jusqu'à la rue Neuve-Saint-Denis. Sous Louis XIII, elle fut placée à l'endroit où nous voyons l'arc de triomphe élevé en 1674 à la gloire de Louis XIV.

Après la bataille de Pavie, où François 1er fut fait prisonnier, les magistrats de Paris craignant de voir l'ennemi arriver jusqu'au cœur du royaume, ordonnèrent que cette porte (celle de Charles VI) et plusieurs autres seraient murées. C'était de 1525 à 1526.

(*A. D.*)

(*Le dessin est d'après le plan de* Belleforest.)

Le Pont Marie.

Le Pont Marie communique du quai des Ormes à l'île des Ormes, près de l'île Saint-Louis. Selon Sauval, il y avait dans cet endroit en 1361 un pont de bois nommé le pont de *Fust* (de bois) *d'emprès Saint-Bernard-aux-Barrès*. Le pont actuel fut commencé en 1614 et couvert de 50 maisons en 1635.

En 1658, les eaux renversèrent les deux arches les plus voisines de l'île, et 22 maisons qui étaient dessus. Les arches furent reconstruites, mais on n'y éleva plus de maisons. Les 28 qui restaient furent démolies à l'époque de la révolution.

(*A. D.*)

(*Le dessin est d'après d'anciennes gravures.*)

N.º 31.

Nouveaux d'après Pernot.   Lith de Fourquemin

La Porte St Martin.

N.º 32.

Nouveaux d'après Pernot.   Lith de Fourquemin.

Le Pont Marie.

Bousseaux d'après Pernot

Lith de Fourquemin

Hôtel Barbeau ou Barbette.

31

Asselineau d'après Pernot.   Lith. de Fourquemin.

La Chambre des Comptes.

N° 35.

L'Hôtel Barbeau ou Barbette
en 1407.

L'hôtel Barbette, près du quai Saint-Antoine, avait été bâti par Étienne Barbette, prévôt de Paris, et l'un des confidens de Philippe-le-Bel. On lui reprochait d'avoir conseillé à ce prince de hausser la monnaie; son hôtel fut pillé.

Isabeau de Bavière, femme de Charles VI, l'ayant acheté en 1403, s'y retirait pendant les accès de folie du roi. Dans la nuit du 22 au 23 novembre 1407, le duc d'Orléans sortait très tard de cet hôtel, où il avait soupé avec la reine, et se rendait à celui de Saint-Paul, près la rue Vieille-du-Temple, lorsqu'il fut assassiné par une bande armée que commandait Raoul d'Ocquetonville, gentilhomme normand, agent du duc de Bourgogne. Ce dernier prince s'avoua l'auteur de cet assassinat (*).

L'hôtel Barbette devint dans le siècle suivant la résidence de Diane de Poitiers, maîtresse de François 1er et de Henri II.

(A. D.)

(*) Jean Sans-Peur, duc de Bourgogne, rival du duc d'Orléans, le fit assassiner dans la *rue Barbette*, au Marais, en 1407. Ce meurtre fut l'origine de la fameuse division, si fatale à la France, entre les maisons d'Orléans et de Bourgogne.   (*Dictionnaire historique.*)

(Le dessin, d'après une gouache du temps et le plan de tapisserie.)

N° 34.

La Chambre des Comptes,
de 1460 à 1500.

Dans l'enclos du Palais, est cette juridiction souveraine séparée du parlement, et que l'on nomme *la Chambre des Comptes*. C'est là où se rendent les comptes de toutes les receptes des finances, et où ceux qui ont eu quelque maniement de l'argent du roi, doivent justifier ce qu'ils en ont fait. C'est aussi là que l'on conserve les *archives* et les anciennes *chartes* de la couronne. Le bâtiment de la Chambre des Comptes fut terminé par les soins de Louis XII, dont on voit en divers endroits la devise, qui est un *porc-épic* avec ces paroles : COMINVS ET EMINVS.

Dans une des chambres, on conserve des tableaux antiques très curieux qui représentent au naturel les princes et les princesses du sang royal de la cour de Charles V et de quelques autres rois.

Ce beau bâtiment fut incendié en 1737 et a entièrement disparu.

(Germain-Brice, page 266, 2e vol.)

(Le dessin, d'après Saint-Victor et plusieurs gravures anciennes.)

N° 35.

Le Temple.

Un des plus beaux enclos de Paris est la *closture du Temple*, qui fust jadis le repaire des frères templiers. Quoique le lieu semble tenir et avoir face de plus haute antiquité, je n'ay trouvé qu'il ayt esté avant que les templiers le possédassent. La grosse tour fust bastie quelque temps avant la ruine des templiers, et le roy vint se tenir au Temple, et tenoit en ceste tour ses lettres, pancartes, registres et austres thresors et archives du royaume. Depuis, la pièce fut donnée aux *chevaliers de l'Hospital* de *Saint-Iean-de-Ierusalem*, qui y ont fait de beaux bâtimens. Le grand maistre de Villiers de l'Isle Adam, qui fust défait par Soliman à Rhodes, repose en l'église, bastie comme le *Temple de Ierusalem*.

(Belleforest, Cosmographie universelle.)

Le Temple fut dans l'origine la résidence du grand-prieur des templiers. Au XIIIe siècle, les bâtimens étaient si considérables et occupaient un si grand espace, que l'on nomma cet enclos *la Ville Neuve du Temple*. En 1254, Henri III d'Angleterre, en arrivant à Paris, préféra *la Maison du Temple* au palais que saint Louis lui avait fait préparer.

La tour du Temple, bâtie en 1212 par frère Hubert, trésorier des templiers, servit longtemps aux rois de France pour y déposer leurs trésors. Là aussi étaient gardées les archives des templiers et celles du grand-prieur de Malte.

Louis XVI y fut renfermé avec sa famille le 11 août 1792. Ce fut depuis une prison d'état. Cette tour fut démolie en 1805.

(*A. D.*)

(*Le dessin est d'après un ancien plan de Paris.*)

Nouveaux d'après Pernot

Lith. de Fourquemin

Le Temple.

Nouveaux d'après Pernot.　　Lith. de Fourquemin

Portail de l'Abbaye Ste Geneviève.

34

Portail de l'Abbaye Sainte-Geneviève
en 1148.

Après la grande église cathédrale, entre celles qui sentent le plus d'antiquité, est l'église dédiée aux apôtres saint Pierre et saint Paul par le roy Clovis 1ᵉʳ, qui la fonda après la guerre que il eust contre les Goths en Aquitaine. Il affectionna tellement ce lieu champestre, qu'il y mit des chanoines, y bastit une maison royale, ainsi qu'on en treuve les marques des sales et austres lieux du logis du prince. Aussi y mourut-il, et fust enterré en la susdite église où l'on voit son tombeau avec cette inscription :

> Cy gist le cinquième roy de France, premier roi chrétien, dit *Clovis* avant son baptesme le quel saint Remy baptisa à Rheins, et nomma *Loys*, et là apporta un ange de paradis une ampoule pleine de cresme, dont il fust oinct, et ses successeurs roys de France sont oincts à leur couronnement. Celuy roy à l'admonestement de sainte *Chlote* sa femme, et de *Madame* sainte Geneviefve, fonda ceste église en l'honneur des princes des apostres...... C'est la première que jamais roy de France fondast en 513.

Ceste église porta longtemps le nom de Saint-Pierre et Saint-Paul jusqu'à ce que sainte Geneviefve fust morte et enterrée en la susdite, au caveau, et lieu souterrain, où encore on honore devotièsement son sacré tombeau : car les miracles de *ceste Dame* sestans publiés partout, et elle estant élevée, et ses ossemens enchâssés, l'église aussi changea de nom et fust nommée Sainte-Geneviefve. En 890, elle fust brûlée par les Normands, mais les chanoines de ce lieu transportèrent le corps saint de la vierge patrone de Paris, qui fust hors de sa maison l'espace de cinq ans. En 1148, regnant *Loys* le Jeune, on appella les religieux de Saint-Victor à la place des chanoines. Le premier abbé fust *Odon ;* il y en eust jusqu'en 1574 trente-un. Cette maison a de grands privilèges, si bien que marchants en pompe publique les évesques de Paris et abbés de Sainte-Geneviefve y vont coste-à-coste.

(BELLEFORÊT.)

L'Abbaye Sainte-Geneviève était occupée par les chanoines réguliers de l'ordre de Saint-Augustin depuis l'an 1148. Ce fut seulement à cette époque que le nom de Sainte-Geneviève fut donné à cette abbaye, car saint Remy (sous Clovis) en avait fait la dédicace sous l'invocation des apôtres saint Pierre et saint Paul. Les bâtimens ont éprouvé depuis Clovis d'immenses changemens. Ceux qui restent furent destinés d'abord, en 1802, pour *l'École centrale du Panthéon*, qui devint le Lycée Napoléon. Depuis 1814, il prit le nom de Collége de Henri IV. L'église fut démolie depuis la révolution; la *Tour* fut seulement conservée.

(*Auteurs divers.*)

(*Le dessin est d'après* MILLIN*, Antiquités nationales.*)

N° 37.

La Foire Saint-Germain-des-Prés.

La foire Saint-Germain occupait un vaste emplacement entre les rues du Four-Saint-Germain, du Petit-Bourbon et de Seine. Elle avait été établie par Louis XI en 1482, et donnée à l'abbaye Saint-Germain-des-Prés. Elle ouvrit le 3 février de la même année. Les halles sous lesquelles se tenait cette foire, et dont on admirait la charpente, furent incendiées dans la nuit du 16 au 17 mars 1762.

(Dictionnaire historique de Paris.)

(Le dessin est d'après un ancien plan de Paris.)

N° 38.

La Porte Saint-Michel,

et une partie de l'Enceinte de Philippe-Auguste.

Cette porte était située à l'extrémité de la rue de la Harpe. Bâtie en 1220, elle faisait partie de l'enceinte de Philippe-Auguste. On l'appelait, au XIVe siècle, *Gibars;* en 1242, *Hostium ferti;* en 1271, *Hostium ferri ;* en 1311, *Porta inferni.* Le nom de Porte-d'Enfer a prévalu jusqu'au XIVe siècle. Ayant été réparée en 1394, époque de la naissance de *Michelle*, fille de Charles VI, ce nom lui fut donné. Elle fut démolie en 1684.

(Dictionnaire historique de Paris.)

(Le dessin est d'après Belleforest et le plan de tapisserie.)

La Foire St Germain des prés.

La Porte saint Michel, et une partie de l'enceinte de Philippe Auguste.

Nouveaux d'après Pernot.   Lith. de Formentin.

L'Eglise St Honoré.

Nouveaux d'après Pernot.   Lith. de Formentin.

L'Eglise St Sauveur.

L'Église Saint-Honoré.

Renold Chereins et Sybile, sa femme, fondèrent, en 1204, l'église Saint-Honoré. Ce n'était alors qu'une chapelle qui reçut le nom de la rue où elle était bâtie, ou qui donna le nom du saint, patron de cette chapelle, à une des principales rues de Paris.

Cette église, basse et petite, fut démolie en 1792, ainsi que le cloître. Une cour, des boutiques et des maisons particulières les remplacent.

(*A. D.*)

(*Le dessin est d'après* Saint-Victor *et d'anciens plans.*)

L'Église Saint-Sauveur.

Au coin des rues Saint-Denis et Saint-Sauveur, était une vieille tour qui fit sans doute partie de l'enceinte de Philippe-Auguste. Une chapelle y était adossée, on l'appelait *Chapelle de la Tour*. A sa place, on éleva sous François 1er l'église Saint-Sauveur, qui fut démolie en 1787. On allait la reconstruire sur un plan nouveau, quand la révolution arriva.

C'est sur son emplacement qu'ont été construits les bains élégans connus sous le nom que portait l'église.

(*A. D.*)

(*Le dessin, d'après une ancienne gravure de 1690. — Topographie de la Bibliothèque du Roi.*)

La Bastille en 1700.

Ce fust un prevost de Paris, qui vivoit du temps de **Charles-le-Quint**, roy de France, surnommé *le Sage*, lequel voyant les affaires du royaume, et qu'il estoit assailly de toutes parts des Anglois et des complices de Charles-de-Navarre ; voyant aussi la foiblesse de la cité de Paris du costé de Saint-Antoine, la ferma de murs et y bastit la forteresse de la Bastille, à laquelle il posa la première pierre : à cecy luy tenant la main le bon roy Charles son souverain. Ce prevost de Paris se nommoit Hugues Aubriot.

(Belleforest, page 228.)

La Bastille était à l'extrémité de la rue Saint-Antoine. D'autres versions que celle rapportée ci-dessus, font remonter la fondation de cette forteresse au temps des incursions des Bourguignons, avant le règne de Charles V. Ses fortifications extérieures, commencées le 11 août 1533, ne furent achevées qu'en 1559. La Bastille fut de tout temps la prison des criminels d'état. Henri IV y fit garder le trésor royal *dans des chambres voûtées. Sully dit qu'il se montait à 15 millions 870 mille livres d'argent.*

Sur la première porte, du côté de la rue Saint-Antoine, était une salle d'armes où l'on voyait d'anciennes armures de chevaliers, très curieuses et bien conservées.

La Bastille a presque toujours servi de prison dans les grands mouvemens politiques, et surtout en 1588. D'illustres personnages, de grands écrivains y ont été enfermés depuis. Ces emprisonnemens, souvent arbitraires, étaient devenus moins fréquens sous le règne de Louis XVI.

Le 14 juillet 1789, cette forteresse, assiégée par les bourgeois de Paris, fut prise en peu d'heures ; elle disparut entièrement avant 93.

(A. D.)

(Le dessin est d'après d'anciennes gravures et une gouache de la chronique de Saint-Denis.
— Bibliothèque du Roi, aux manuscrits.)

Godefroy d'après Pernot.

Lith. de Fourquemin.

La Bastille en 1700.

Le Cimetière des Innocents.

Restes du Collège des Cholets en 1820.

Le Cimetière des SS^ts-Innocens.

On dit que les charniers du cimetière des Saints-Innocents furent bâtis sous Philippe-Auguste avec les confiscations que l'on fit du bien des juifs, lorsqu'ils furent chassés de Paris. Il n'est peut-être point de lieu au monde où il y ait un plus grand nombre de corps enterrez ; ce qui fut cause que l'ambassadeur d'Espagne qui estoit à Paris pendant la ligue, conseilla aux bourgeois, que la famine pressoit cruellement, de faire broyer les os des morts de ce cimetière pour en faire du pain.

(Germain-Brice, tome 1er, page 41.)

Au IXe siècle, on avait placé dans ce lieu une tour d'où l'on avertissait les Parisiens de l'approche des Normands. Dans le siècle suivant, on y établit un cimetière que Philippe-Auguste fit entourer de murs en 1186. Avec le temps, le nombre des corps inhumés dans l'enclos des Innocens excédant toute mesure, le sol s'en trouva exhaussé de plus de huit pieds au-dessus des rues et des habitations voisines, ce qui fit qu'en 1786 on supprima ce cimetière. Les restes mortels des anciens habitans de Paris furent alors déposés religieusement dans d'anciennes carrières, qui devinrent les Catacombes.

(Auteurs divers.)

(La vue, d'après des dessins originaux faits par ordre du gouvernement en 1786.)

Restes du Collége des Cholets
en 1820.

Le collège des Cholets (ou Cholez) fust fondé en l'an 1283 par reverendissime seigneur Iean Cholet, cardinal prestre du titre de Sainte-Cécile, pour lors légat en France, et y establit des boursiers théologiens, et iceux Picards de nation. Ce collège est le plaisir des princes, le nourrissier des grands, la pourmenade des cardinaux, la discipline des enfants des seigneurs, et l'abord de toute la noblesse de France.

(Belleforest, Cosmographie universelle, page 195, 1er vol.)

Nota. Une rue passe maintenant sur l'emplacement de ce collége.

(Le dessin a été fait d'après nature en 1820.)

$$N° \ 44.$$

Vue de l'Évêché, de 1550 à 1658.

Le premier siège épiscopal a esté en icelle (*ville de Lutèce*), ce qui se peut tesmoigner par l'esglise Saint-Estienne des Grecs, où saint Denis se tenoit au commencement et où il endoctrinoit les Parisiens en la foi de l'évangile. Je n'ay encore veu aucun qui me monstre où est-ce que les évesques se tenoient avant que le grand et magnifique temple de Nostre Dame fust basty...... Tellement que Lutèce estoit subjecte à l'évesque de Paris, et isceluy se tenoit hors de lisle, et est à présupposer que saint Marcel en estant évesque, et se tenant en ceste ville lez Paris, qui pour le présent est renommée du dit saint, son siège épiscopal estoit aussi en iscelle, et que les roys voulants donner majesté à la Cité, voulurent, depuis, que les évesques se tinssent près d'eux, en lisle où le cloistre Nostre Dame est basty.

(Belleforest, page 179, 1er vol.)

L'évêché de Paris, érigé en archevêché en 1622, pour F. de Gondy, oncle du cardinal de Retz, avait été jusqu'alors suffragant de l'archevêché de Sens. L'ancienne demeure des évêques était autrefois au chevet de Notre-Dame, près d'une petite église dédiée à saint Étienne et dans un lieu nommé Port-l'évêque. Louis XV fit bâtir un palais embelli successivement par MM. de Noailles, de Beaumont, etc.....

De nouveaux bàtimens furent ajoutés par Napoléon, qui fit décorer l'archevêché à l'occasion de son sacre. Tout a disparu depuis le 14 février 1831.

(A. D.)

(Le dessin est d'après d'anciennes estampes et le plan de tapisserie.)

Godefroy d'après Pernot.

Lith. de Fourquemin.

L'Évêché

Nouveaux d'après Pernot.
Lith de Fourquemin.

S.t Jean en Grève

Nouveaux d'après Pernot.
Lith de Fourquemin.

La Porte S.t Jacques.

La Porte Saint-Jacques.

La porte Saint-Jacques fut construite au commencement du XIIIe siècle, et abattue en 1684. Elle faisait partie de l'enceinte de Philippe-Auguste, et était située rue Saint-Jacques, entre les rues Sainte-Hyacinthe et les fossés Saint-Jacques.

(Dictionnaire historique de Paris.)

(Le dessin, d'après le plan de tapisserie et Saint-Victor.*)*

N° **46.**

Saint-Jean-en-Grève.

L'église de Saint-Jean ne fut d'abord qu'une simple chapelle, où le clergé de Saint-Gervais avait la permission d'aller conférer le baptême. Érigée en paroisse en 1212, elle était dépositaire de la fameuse hostie profanée par un juif de la rue des Billettes. On y remarquait le tombeau d'Alain Veau, célèbre financier sous les règnes de François 1er, Henri II et Charles IX, et celui de Simon Vouet, le maître de Lesueur et de Lebrun.

Cette église fut démolie de 1790 à 1793.

(A. D.)

(Le dessin, d'après Saint-Victor *et le plan de tapisserie.)*

Les Carmes de la place Maubert.

Le principal couvent des carmes fut fondé en 1309; quelques-uns disent par saint Louis (en 1260), qui avait amené ces religieux de la Palestine. On les appelait les BARREZ, parce que leurs manteaux étaient rayés de blanc et de brun. La reine Jeanne leur laissa de très grands biens en 1349.

(GERMAIN-BRICE, *tome 2, page 462.*)

Les pères carmes avaient environ 122 maisons en France. Ils furent supprimés en 1790. L'église qu'ils avaient place Maubert disparut en 1793, un marché la remplace.

(*Dictionnaire historique de Paris.*)

(*Le dessin est d'après* SAINT-VICTOR.)

N° **48.**

L'Église Saint-Lazare.

L'église et les bâtimens de Saint-Lazare dataient d'une époque très reculée; il en est parlé dans une charte de Louis VII, dit le Jeune, en 1174. Au XIV° siècle, ils servirent de *léproserie* ou hôpital pour les lépreux. Comme la lèpre disparut en 1632, on donna la maison à *saint Vincent de Paul*, et ce digne prêtre, ce héros de l'humanité, mourut à Saint-Lazare le 27 septembre 1660, âgé de 84 ans.

Les rois de France s'y rendaient pour faire leur entrée solennelle dans Paris. C'était là que les corps des rois et des reines étaient déposés avant qu'ils fussent portés à Saint-Denis. Saint-Lazare est maintenant une prison destinée aux femmes; l'église sert de succursale à la paroisse de Saint-Laurent.

(*A. D.*)

(*Le dessin est d'après* SAINT-VICTOR, *d'anciennes gravures et d'anciens plans.*)

Nouveaux d'après Pernot.   Lith. de Bettrquemin.

Les Carmes de la place Maubert.

Nouveaux d'après Pernot.   Lith. de Fonrquemin.

L'Eglise St Lazare.

Appelineau d'après Pernot

Lith de Fonrquemin

L'Eglise du Saint Sépulcre.

Nouveaux d'après Pernot   Lith. de Lancquerrin.

La Porte du Temple.

N° 49.

L'Église du Saint-Sépulcre.

On bastit en Paris une église canoniale en l'an mille trois cens vingt sept, pour la grande dévotion qu'on avait lors au saint sépulchre et pour les pèlerins qui y avoient faict ce voyage.

(Belleforest, page 224.)

Le chapitre du Saint-Sépulcre fut fondé de 1327 à 1329 par une confrérie dont les membres avaient fait vœu d'aller à la Terre-Sainte.

En 1672 on réunit cette confrérie à celle de Saint-Lazare; mais il se forma une association rivale qui, se réunissant souvent en une assemblée célébrée par un repas, prit le nom de *Confrérie de l'Aloyau.*

Les anciens frères du Saint-Sépulcre plaidaient contre ceux de l'*Aloyau* lorsque la révolution vint mettre fin à leurs débats.

L'église, achevée depuis 1655, fut vendue à une compagnie de négocians hollandais, qui firent bâtir sur son emplacement la Cour Batave, rue Saint-Denis, n. 124.

(Auteurs divers.)

(Le dessin, d'après Millin, Saint-Victor et d'anciennes estampes.)

N° 50.

La Porte du Temple.

Sous Charles VI, la porte du Temple était, comme toutes celles de Paris, bien fortifiée; située dans le voisinage de la résidence du grand-prieur des templiers, elle en prit le nom. Après la sanglante bataille de Pavie, où François Iᵉʳ fut fait prisonnier, les magistrats de Paris craignant de voir l'ennemi pénétrer jusqu'au cœur du royaume, firent murer plusieurs portes de la ville, celle-ci était du nombre.

(A. D.)

(Le dessin est d'après Saint-Victor et un manuscrit du 13ᵉ au 14ᵉ siècle.)

L'Église et une partie de l'Abbaye St-Victor.

Louis le Gros estant affligé par les conspirations et traîtreuses menées de quelques seigneurs françois, il les combattit et emporta la victoire, en souvenance de quoy et pour remercier Dieu, il fonda l'abbaye Saint Victor les Paris, en laquelle il mit des religieux chanoines vivant selon et suyvant l'ordre de Saint-Augustin. Les lettres de fondation furent données à Chaalons au palais public l'an de Nostre Seigneur 1113.

Ceste maison a été rebastie presque toute de nouveau sous le grand roy François 1ᵉʳ de ce nom, et en laquelle on peut voir une magnificence assez grande pour le fait de l'architecture, laquelle n'est rien au prix des hommes excellents qui de tout temps ont vescu en ceste sainte famille, entre lesquels sont les deux Hugues et Richard de Saint-Victor. Maistre Pierre Liset, premier président en la court de parlement de Paris, devint de nostre temps abbé de Saint-Victor.

Plusieurs grants personnages sont enterrés en ce lieu : d'abord Reginal, évesque de Paris, qui mourut en 1258, puis Guillaume, 63ᵉ évesque en nombre, et un troisième nommé aussi Guillaume de Ganac. Outre cela on voit les tombeaux de Pierre Comestor, ou *le Mangeur*, tant recogneu pour ses écrits, puis de maistre Richard et de plusieurs abbés.

(BELLEFOREST, page 217.)

L'abbaye Saint-Victor, autrefois petite chapelle dédiée à ce saint, était déjà érigée en prieuré lorsque Guillaume de Champeaux s'y retira sous Louis VI. Ce roi résolut d'y établir un chapitre régulier avec le titre d'abbaye. Champeaux continua à s'y consacrer à l'éducation de la jeunesse et compta Abeilard parmi ses élèves. L'école de Saint-Victor avait alors une grande célébrité.

L'église, réparée en 1448 par les libéralités de Charles VII, fut entièrement reconstruite sous François 1ᵉʳ ; l'évêque de Langres en posa la première pierre en 1517. La bibliothèque ne se composait dans son origine que de manuscrits d'auteurs ecclésiastiques ; mais elle fut considérablement augmentée par l'abbé Lamalle et Nicolas Delorme. En 1496 ce dernier fit construire un bâtiment pour la contenir. Henri Bouchet, conseiller au parlement, lui légua tous ses livres à condition que la bibliothèque serait publique. Après avoir été fermée pendant quelques années, elle fut rouverte en 1788.

Plusieurs hommes célèbres eurent leur tombeau dans l'église de cette abbaye. Parmi eux se faisaient remarquer Jean-Baptiste de Santeuil, qui repose maintenant dans l'église Saint-Nicolas *du Chardonnet*, Leoninus, poète de 1154, et le savant Jean Picart.

Saint-Victor fut supprimé en 1790. Les bâtimens n'ont été démolis qu'en 1813, et l'on a bâti sur leur emplacement la nouvelle halle au vin.

(A. D.)

(Le dessin, d'après le grand plan de tapisserie et plusieurs anciennes gravures.)

L'Eglise et une partie de l'Abbaye St Victor.

Nouveaux d'après Pernot.   Lith. de Fourquemin.

L'Arsenal sous Henri IV.

L'Arsenal sous Henri IV.

L'arsenal royal fut d'abord établi au Louvre vers l'an 1215. En 1397 on fit plusieurs dépôts de munitions de guerre à la tour de Billy; puis, en 1560, le plus important de tous fut placé à l'Arsenal, appelé alors *les Granges de l'artillerie de la ville.*

Sur le même lieu, Henri II fit construire des moulins à poudre et deux halles, mais tout fut détruit par un incendie le 28 janvier 1562. Charles IX éleva de nouveaux bâtimens. On y voyait des fonderies considérables qui servirent encore sous Louis XIV pour couler les statues et les ornemens en bronze destinés au château de Versailles. Sully, créé grand-maître de l'artillerie de France par Henri IV, fit sa demeure à l'Arsenal, dont les bâtimens sont encore à peu près ce qu'ils étaient alors.

(*A. D.*)

(*Le dessin est d'après un dessin original et une gravure du temps.*)

NOMS DES AUTEURS DIVERS QUI ONT ÉCRIT SUR PARIS.

BELLEFOREST, 1569; CORROZET, 1532; PASQUIER et BONFONS, 1607; DUBREUL, 1612; MALINGRE, 1640; DELAMARRE, 1705; SAUVAL, 1724; FÉLIBIEN, 1711; LOBINEAU, 1720; MONTFAUCON, 1729; PIGANIOL DE LA FORCE, 1750; JAILLOT, 1775; GERMAIN BRICE, LEMAIRE et l'Abbé LEBOEUF, 1685; SAINTE-FOIX, 1754; HURTAUT et DE MAGNY, 1779; MILLIN, 1798; DULAURE et SAINT-VICTOR, de 1818 à 1820; BÉRAUD et DUFAY, 1825.

LES GRAVEURS QUI ONT PUBLIÉ DES VUES SUR PARIS,

sont :

CALLOT, 1620; LABELLE, 1630; SYLVESTRE et JACQUES DE CHATILLON, 1662.

Les Mathurins,
près de la Sorbonne.

Ce fust aussi saint Loys qui fonda la maison des mathurins, religieux de la trinité, et instituez pour la rédemption des pauvres captifs qui sont entre les mains des infidelles ; ces religieux sont obligés à certain temps limité de faire un voyage soit en Barbarie ou ailleurs, pour délivrer ce qu'ils peuvent de chrétiens captifs.

(Belleforest, *page* 223, *tome* 1ᵉʳ.)

L'ordre des mathurins, institué en 1198 pour la délivrance des captifs pris par les infidèles, reconnaissait Jean de Matha et Félix de Valois pour ses fondateurs. Il eut à Paris, dès le commencement du XIIIᵉ siècle, un couvent dont le cloître fut bâti en 1219. On reconstruisit en 1729 le portail de l'église sur l'emplacement d'une halle au parchemin. L'université, établie dans une salle de cette maison jusqu'en 1764, en sortit pour aller occuper le collège de Louis-le-Grand.

Les mathurins furent supprimés avec tous les ordres monastiques en 1790 ; leur couvent est devenu une habitation particulière.

(*A. D.*)

(*Le dessin, d'après* Millin, Saint-Victor *et d'anciennes estampes.*)

N° 54.

Le Pilori des Halles.

On entendait autrefois par le mot *Pilori* le lieu patibulaire où était planté le poteau ou pilier du seigneur orné de ses armes, avec les chaines et carcans marques de sa haute justice. Sur ce terrain, on dressait l'appareil du supplice. Tel était le pilori des halles où fut exécuté, en 1477, Jacques d'Armagnac, duc de Nemours. Louis XI fit trainer les deux fils de la victime sous l'échafaud, et ordonna qu'ils fussent arrosés du sang de leur père.

Au XIVᵉ siècle, il y avait à Paris deux autres piloris, l'un au bout de la rue de Bussy, à la place Sainte-Marguerite, l'autre à l'abbaye Saint-Germain-des-Prés.

(*Extrait du Dictionnaire historique de Paris.*)

(*D'après un dessin fait par ordre du Gouvernement en* 1786.)

Godefroy d'après Pernot.

Lith. de Fourquemin.

Les Mathurins.

Godefroy d'après Pernot.

Lith. de Fourquemin.

Le Pilori des Halles

Godefroy d'après Pernot.　　　Lith de Bourquemin.

La Place de Grève

Godefroy d'après Pernot.　　　Lith de Bourquemin.

Montfaucon.

N° 55.

La Place de Grève, de 1400 à 1500.

Cette place prit son nom de sa situation sur le bord de l'eau, où jusqu'en 1742 le marché au charbon fut établi. En 1793, on la nomma *Place de la Maison Commune.*

En 1624, la Grève fut ornée d'une fontaine abattue en 1638 : Louis XIII en avait posé la première pierre. Une seconde, construite peu après, disparut en 1674.

(Auteurs divers.)

La Grève a été le théâtre de scènes tumultueuses et souvent sanglantes pendant les troubles qui, à différentes époques, ont agité la capitale, notamment lors de la fronde et de la ligue. Ces déplorables événemens se sont renouvelés dans les premières années de la révolution. Sa trop célèbre lanterne était placée au coin de la rue du Mouton..... De temps immémorial, les condamnés à la peine capitale furent exécutés sur cette place. Depuis 1830, cela fut changé.

(Dictionnaire historique de Paris.)

(Le dessin, d'après un ancien tableau et des estampes de la Bibliothèque du Roi.)

N° 56.

Vue de Montfaucon en 1400.

Montfaucon était un gibet patibulaire où l'on faisait souffrir le dernier supplice aux criminels dans le temps qu'il n'était pas permis de le faire dans l'enceinte des villes ; à présent (1685) c'est le lieu où ils sont exposés et enterrés. Il y avait autrefois une forêt à la place de ce gibet, qui est tellement ancien qu'on ne trouve sa fondation dans aucun auteur. Il était placé dans la direction et le voisinage de la porte du Temple.......

Outre plusieurs scélérats insignes qui périrent à Montfaucon, on y pendit en 1315 Enguerrand de Marigny, ministre, Caperel, prévôt de Paris en 1320.

Gerard de la Guette, Massé des Maches, Remond de Giraud, J. de Montaigu, tous trésoriers du roi ou maîtres des monnaies ; Pierre des Essars, prévôt de Paris en 1413, puis Olivier Le Dain, barbier de Louis XI, y furent pendus.......

(Germain Brice, Description de Paris, pag. 53 à 60.)

(Le dessin, d'après le grand plan de tapisserie et une gouache de la Chronique de Saint-Denis,
manuscrit de la Bibliothèque du Roi.)

Les Chartreux.

Les Chartreux, fondés en 1086 par le moien d'un saint homme appelé *Brunon*, se tenoyent premièrement à Gentilly, village près Paris, lequel a esté si grand cas jadis que les roys y ont fait plusieurs assemblées d'estats et conciles..... Mais n'y estant pas bien, le roy saint Loys, sollicité par le prieur de la grand chartreuse qui est près de Grenoble, donna ce lieu où à présent est le monastère des chartreux, qui lors se nommoit *Vauvert*, et fust un hostel et palais royal jadis, ainsi que trouvons en quelques livres écrits à la main; lequel lieu estoit en ruine et décadence, et où l'on dit que repairoit quelque fantosme et malin esprit que vulgairement on nommoit *le Diable de Vauvert*, et que ce proverbe de Diable de Vauvert a couru jusques à nostre temps. Aussi ceux qui tiennent ceste histoire du fantosme pour vraie, dient que depuis que frère Iosseran et ses cinq compaignons vindrent habiter en ce lieu, que l'esprit malfaisant cessa aussi d'y fréquenter, fuyant la présence de ceux qui ne sont du gibier du prince du monde. Du commencement n'y eut que cinq cellules pour les cinq susdits religieux, mais par progrès de temps le nombre multipliant, il fallut que l'édifice fust fait de plus grande longueur, si bien que vous voyez maintenant la nef de leur église assez grande : et ainsi *le grand cloistre* est de la libéralité des roys ensuivants, et le *petit* est un vrai lieu de dévotion, veu qu'il est tout enclos de verrières et figuré de belles histoires saintes.

(Belleforest, *Cosmographie*, *page* 220.)

Le couvent des chartreux, supprimé en 1790, était situé rue d'Enfer. Les bâtimens et les jardins occupaient l'emplacement où sont maintenant la grande allée de l'Observatoire, la pépinière et une partie du jardin du Luxembourg. En 1257, saint Louis donna aux chartreux, établis à Gentilly, le vaste hôtel nommé *Valvert* ou *Vauvert*. Avant de partir pour l'expédition d'Afrique, il fit bâtir l'église, qui ne fut achevée qu'en 1324. Dans le petit cloître étaient placés les admirables tableaux représentant les actes les plus marquans de la vie de saint Bruno. Le Sueur avait commencé en 1649 ce grand travail, entièrement terminé en moins de trois ans.

(*A. D.*)

(*Le dessin d'après* Millin, *Antiquités nationales.*)

Nouveaux d'après Pernot.   Lith. de Lourquemin.

Les Chartreux.

Godefroy d'après Pernot

Lith. de Fourquemin.

Escalier de la Sainte Chapelle.

L'Hôtel de Sens. 1509.

Nᵒ **58.**

Ancien Escalier de la Sᵗᵉ-Chapelle
en 1700.

Saint Louis fit élever la Sainte-Chapelle dans l'enceinte du Palais-de-Justice, en 1245, sur l'emplacement de la chapelle Saint-Nicolas, bâtie par le roi Robert. Cet édifice fut construit d'après les plans et les dessins de Pierre de Montreuil. On y montait par 44 degrés, aujourd'hui remplacés par un nouvel escalier.

Saint Louis avait élevé ce beau monument gothique pour y placer convenablement la sainte couronne d'épines que lui avait cédé l'empereur Baudoin, avec toutes les reliques qu'il avait rapportées lors de sa première croisade.

La sacristie, située près de la Sainte-Chapelle, disparut dans un incendie, ainsi que le clocher; elle renfermait une foule d'objets rares et précieux, et au-dessus de cette sacristie était le *trésor des chartres du royaume.*

Sur l'escalier on avait laissé s'établir des libraires qui ne disparurent qu'à la révolution.

Boileau, dont le tombeau fut placé dans l'église de la Sainte-Chapelle, dit dans le cinquième chant de son *Lutrin :*

> « Par les détours étroits d'une barrière oblique,
> « Ils gagnent les degrés et le perron antique
> « Où sans cesse, étalant bons et méchants écrits,
> « Barbin vend aux passants des auteurs à tous prix.

(*A. D.*)

(*Le dessin, d'après des gravures du temps.*)

Nᵒ **59.**

L'Hôtel de Sens en 1509.

L'hôtel de Sens fut élevé par les soins de Tristan de Salazar, archevêque de la même ville, autrefois la métropole de Paris; il vivait sous Louis XII. Ce fut un prélat vertueux et respecté. Son père avait été un fameux capitaine sous Louis XI, et avant sous Charles VII.

A la mort de Salazar, l'hôtel de Sens ne se trouva pas entièrement achevé, et le cardinal Antoine Du Prat, un de ses successeurs, y mit la dernière main, et en fit un hôtel magnifique pour le temps.

Beaucoup plus tard les archevêques le louèrent à celui qui tenait les voitures de Lyon et de plusieurs autres endroits, lequel y est encore commodément logé avec ses nombreux équipages.

(*Description de Paris par* Germain Brice, *pag.* 330, *tom.* II.)

Cet ancien hôtel, qui appartint jusqu'à la révolution aux archevêques de Sens, a perdu ses ornemens gothiques. Il est placé au coin des rues du Figuier-St-Paul et de la Mortellerie, et renferme actuellement un établissement de roulage.

(*Le dessin est restitué sur nature avec les gravures de* Millin et Saint-Victor.)

Vue de l'Église et du Cloître
du Collége de Clugny, en 1824.

Ives de Vergy, abbé de Clugny, fonda en 1269, dans la rue des Grès, le collége de Cluny, destiné aux religieux de la congrégation qui devaient venir étudier à Paris. Il fut supprimé en 1790.

C'est maintenant une maison particulière donnant sur la place Sorbonne. L'église et le cloître furent conservés jusqu'en 1824. Le célèbre peintre David, qui avait en ce lieu son atelier, y termina plusieurs de ses tableaux, et principalement celui des Thermopiles.

(*A. D.*)

(*Le dessin a été fait d'après nature en 1824.*)

N° **61.**

La Porte Saint-Bernard.

La porte Saint-Bernard, jadis dépendante de l'enceinte de Philippe-Auguste, était située près du pont de la Tournelle et du collége des Bernardins, dont elle prit son nom. En 1670 elle fut remplacée par un arc de triomphe élevé en l'honneur de Louis XIV sur les dessins de Blondel. La porte et l'arc de triomphe ont également disparu.

(*A. D.*)

(*Le dessin, d'après* Sylvestre, Saint-Victor, *et d'anciennes estampes.*)

Godefroy d'après Pernot.

Lith. de Tourquemin.

Vue de l'Eglise et du Cloître du Collège de Cluny, en 1824.

Saint Jacques l'Hopital.

La Porte Saint Bernard.

La Porte Saint Germain.

Sainte Catherine du Val des Écoliers

N° 62.

Saint-Jacques-de-l'Hôpital.

Roland, seigneur de Blaye et comte du limite Britannique, feit bastir l'hospital et église Saint-Iacques pour y recevoir les pélerins allants en voyage à Saint-Iacques en Compostelle.

(BELLEFOREST, page 213, 1er vol.)

Cette église, située à l'angle des rues Saint-Denis et Mauconseil, fut fondée avec ses dépendances en 1319. On recevait dans l'hospice les pélerins de Saint-Jacques de Compostelle, en Espagne.

Les frères de l'hôpital, pour célébrer la fête de leur patron, faisaient uné procession solennelle terminée (dit Sauval) « par un grand faquin vêtu en saint Jacques, avec la contenance d'un « crocheteur qui veut faire l'honnête homme. Au retour, tous les pélerins dînaient ensemble dans « les salles de Saint-Jacques. Celui-ci, assis au bout de la table avec deux hommes qui l'éven- « taient, regardait ainsi dîner la compagnie sans oser manger, parce que les saints ne mangent « pas ».

Une maison remplace l'église, qui disparut seulement en 1825.

(Auteurs divers.)

(Le dessin, d'après SAINT-VICTOR, et d'anciennes estampes.)

N° 63.

Ste-Catherine du Val des Ecoliers.

En 1201, des ecclésiastiques avaient formé sous l'invocation de sainte Catherine, dans une vallée de la Champagne, entre Chaumont et Langres, un établissement où ils voulaient se consacrer à l'étude. On leur fit don à Paris d'une portion de terrain cultivé hors des murs de la ville ; de là le nom de Couture ou Culture Sainte-Catherine.

L'église fut bâtie aux frais des sergens d'armes ou archers de Philippe-Auguste, pour s'acquitter d'un vœu fait en 1214 à la bataille de Bouvines. Cet édifice disparut dès l'année 1783, et fut remplacé par un marché qui existe encore près la rue Saint-Antoine et qui porte le nom de Sainte-Catherine.

(A. D.)

(Le dessin, d'après MILLIN, SAINT-VICTOR et plusieurs anciens plans.)

N° 64.

La porte Saint-Germain.

La porte Saint-Germain, située rue de l'École-de-Médecine, entre la rue du Paon et la cour du Commerce, à l'endroit où l'on voit une fontaine, était une des entrées de l'enceinte de Philippe-Auguste. Ce fut par là qu'en 1418 Perrinet-Leclerc introduisit les Bourguignons dans Paris. Cette porte fut abattue en 1572.

(Dictionnaire historique de Paris.)

(Le dessin, d'après Saint-Victor et le plan de tapisserie.)

N° 65.

Abbaye Saint-Martin-des-Champs.

L'abbaye Saint-Martin ayant esté ruinée par la violence des guerres, soit des Normands ou autres, le bon Henri, Ier du nom et fils de Robert, de son palais feit bastir un temple... C'est un des plus beaux lieux de Paris, clos comme une ville, assis près des remparts, qui est cause qu'encore on lui donne le nom de Saint-Martin *des Champs*.

(Belleforest, Cosmographie, page 214, 1er vol.)

L'abbaye Saint-Martin fut supprimée, comme tous les ordres monastiques, en 1790. Les bâtimens et l'église elle-même restés debout, et destinés au Conservatoire des Arts et Métiers, ont perdu en partie leur caractère religieux ; on n'y voit plus que quelques fenêtres où l'on reconnaît encore différens restes des architectures romane et gothique. Cette abbaye avait été occupée en dernier lieu par des moines de Clugny.

(*A. D.*)

(Le dessin, restitué sur nature d'après d'anciennes gravures et le grand plan de tapisserie.)

Rousseau, d'après Pernot   Lith. de Bauquernet

Abbaye St Martin des Champs

N°3

Nousveaux d'après Pernot.

Lith de Bocquemin.

La Cour du Palais. (Le Palais de Justice.)
après l'incendie de 1776

54

Nouveaux d'après Pernot

Lith. de Fourquemin

Le Pont aux Changeurs ou au Change.

N° 66.

La Cour du Palais

(le Palais-de-Justice),

APRÈS L'INCENDIE DE 1776.

Les historiens ne sont pas d'accord sur l'époque précise de la fondation du Palais ; ¡cependant on l'attribue généralement aux Romains lorsqu'ils occupèrent l'antique Lutèce. Le roi Eudes l'habita en 888, puis Hugues Capet, Louis-le-Gros et Louis VII, dit le Jeune, de 987 à 1180. On l'appelait alors le *Palais neuf* et celui des Thermes le *vieux Palais*. Saint Louis en fit sa demeure et y ajouta de grandes constructions. Philippe-le-Bel l'agrandit encore ; mais Charles V l'abandonna pour se fixer à l'hôtel Saint-Paul, et plus tard François 1er revint dans cette antique demeure de nos rois.

Deux incendies endommagèrent considérablement le Palais, l'un en 1618, le dernier en 1776. Ce fut en 1777 que l'on reconstruisit la façade actuelle avec la *grande salle des Pas-Perdus*.

(*A. D.*)

(Le dessin est d'après une gravure faite à l'époque même de l'incendie.)

N° 67.

Le Pont aux Changeurs

ou au Change.

Le Pont au Change, ainsi que le Petit-Pont, furent construits lorsque les limites de Paris ne s'étendaient pas encore au-delà de l'*Ile* ou de la *Cité*. César en fit élever un dans cet endroit ; il fut longtemps en bois, et on l'appelait le *Grand-Pont* parce qu'il s'étendait sur le bras le plus large de la Seine. En 1141, Louis VII ayant ordonné que tous les changeurs y vinssent établir leur domicile, le grand pont prit dès lors le nom nouveau qui lui est resté. Endommagé souvent dans les débâcles des années 1408, 1510, 1578, 1616, et incendié en 1621 avec les habitations, il fut reconstruit en pierre en 1639. Sous Louis XVI, en 1788, on démolit les maisons bâties sur ce pont, qui devint alors le plus large de Paris.

(*A. D.*)

(Le dessin, d'après un tableau du Musée historique de Versailles et d'anciennes estampes.)

La Maison du Lieutenant
et l'Eglise St-Landry en 1540.

La maison d'un des principaux officiers de police de la ville au XIVᵉ siècle, était située sur le quai de Saint-Landry et dans le voisinage de l'église de ce nom. On nommait aussi cet endroit *Quai des Ormes Blondei*. En 1335, un simple batelet en partit pendant la nuit chargé des restes d'Isabeau de Bavière, femme de Charles VI, et les transporta à Saint-Denis.

L'église de Saint-Landry, dont la fondation remontait au VIIᵉ siècle, fut au XIIᵉ érigée en paroisse. On y voyait le beau mausolée exécuté par Girardon pour lui-même et pour sa femme. Cette église fut supprimée en 1790 et démolie depuis. Une partie des maisons du quai Napoléons'élèvent sur son emplacement.

(A. D.)

(Le dessin, d'après le grand plan de tapisserie et d'anciennes gravures.)

L'Eglise des Jacobins
de la rue Saint-Jacques.

Les jacobins, frères prêcheurs ou dominicains, furent fondés sur la fin du XIIᵉ siècle par saint Dominique. En 1218 on leur fit présent à Paris d'une maison voisine des murs de la ville et de la porte Saint-Jacques, d'où ils prirent le nom de jacobins. Saint Louis, Louis X et Louis XII furent les bienfaiteurs de cet ordre. On voyait dans leur église plusieurs tombeaux des rois, des reines, des princes et princesses de la *maison de France*. Les principaux étaient ceux de Robert, comte de Clermont, sixième fils du saint roi et chef de la maison de Bourbon; de Louis Iᵉʳ, duc de Bourbon, du comte de la Marche et de Humbert de la Tour-Dupin, dernier dauphin de Viennois.

L'église des jacobins fut détruite en 1790.

(A. D.)

(Le dessin, d'après Saint-Victor et le plan de tapisserie.)

Nouveaux d'après Perrot

Lith de Fourquemin

La Maison du Lieutenant et l'Eglise S¹ Landry 1540.

L'Eglise des Jacobins de la rue St Jacques.

L'Hopital des Quinze-Vingts.

Nouveaux d'après Pernot　　　　　　Lith de Fourquemin.

La Porte de Bucy en 1539.

Nouveaux d'après Pernot.　　　　　　Lith de Fourquemin.

La Porte St Marcel.

N° 70.

L'Hôpital des Quinze-Vingts.

Avant le règne de saint Louis, les pauvres aveugles, réunis en une sorte de congrégation, vivaient d'aumônes qu'ils allaient recueillir tour à tour ; mais les dons de la charité publique étant insuffisans, saint Louis voulut leur assurer un asile. En 1254 on bâtit à ses frais (dans un endroit nommé *Champ-Porri*, situé rue Saint-Honoré) un hôpital en faveur de trois cents, ou *quinze-vingts* pauvres aveugles. Le roi nomma le grand-aumônier de France *visiteur* de cette maison, qui fut terminée en 1260.

L'hôpital et l'église, bâtis par Eudes de Montreul, architecte ordinaire de saint Louis, disparurent entièrement en 1799.

(Auteurs divers.)

(Le dessin est d'après une ancienne gravure.)

N° 71.

La Porte de Bucy en 1539.

La porte de Bucy, à l'extrémité des rues Saint-André-des-Arts et Contrescarpe, devait son nom à Simon de Bucy. Celui-ci l'avait achetée des religieux de l'abbaye Saint-Germain, auxquels Philippe-Auguste la vendit avant qu'elle fut achevée.

Cette porte longtemps murée, fut rouverte en 1539, sous François Ier, puis abattue en 1672. On mit une inscription à l'endroit où elle avait existé.

Lors de la Saint-Barthélemi on se trompa de clef, et comme celle que l'on remit au duc de Guise n'allait point à la porte de Bucy, cette circonstance empêcha d'achever le massacre des huguenots réfugiés dans le faubourg Saint-Germain.

(A. D.)

(Le dessin, d'après le grand plan de tapisserie et BELLEFOREST.*)*

La Porte Saint-Marcel.

La porte Saint-Marcel était située rue Descartes au coin de la rue des Fossés-Saint-Victor ; elle conduisait au bourg Saint-Marcel. C'était une des portes de l'enceinte de Philippe-Auguste.

Elle avait aussi porté le nom de *Bordet* ou *Bordelle*, ainsi que la rue à l'extrémité de laquelle elle était placée. On l'abattit en 1683.

(*Dictionnaire historique de Paris*).

(*Le dessin, d'après* Saint-Victor , Belleforest *et le plan de tapisserie.*)

N° **73.**

La Pompe de la Samaritaine
en 1635.

Pour suppléer à l'insuffisance des eaux du Pré Saint-Gervais et de Belleville, Jean Lintlaer, flamand, construisit de 1603 à 1607, une pompe qui reçut le nom de *la Samaritaine*, parce que sur sa façade du côté du Pont-Neuf il y avait un groupe de figures en bronze doré représentant Jésus-Christ et la Samaritaine auprès du puits. Entre ces deux figures une nappe d'eau tombait dans un bassin doré ; le tout était surmonté d'un cadran et d'une horloge. Le carillon, avec un *Jacquemart* qui sonnait les heures, n'existaient déjà plus sous Louis XIV. Cette machine, sujette à de fréquentes réparations, fut entièrement renouvelée en 1712 et 1714, puis réparée encore en 1772.

Le gardien de ce monument avait le titre de gouverneur. Cette charge fut supprimée en 1789, et le pavillon de la Samaritaine démoli en 1813.

(*A. D.*)

(*Le dessin, d'après un ancien tableau de 1635, placé au Musée historique de Versailles, galerie des châteaux.*)

Godefroy d'après Pernot.

Lith. de Fourquemin.

La Pompe de la Samaritaine, en 1635.

71

Les Cordeliers et l'Eglise St Côme et St Damien.

N° 74.

Les Cordeliers
et l'Église Saint-Côme et Saint-Damien.

Les religieux de l'abbaye Saint-Germain-des-Prés firent bâtir en 1212 l'église de Saint-Côme et Saint-Damien, rue de l'Ecole-de-Médecine. Vers 1230, les frères mineurs, institués par saint François d'Assise, et nommés *cordeliers* parce qu'ils avaient une corde pour ceinture, commencèrent à bâtir leur monastère près de Saint-Côme.

Saint Louis aida beaucoup par ses dons cet ordre dans la construction de son église, une des plus grandes de Paris. Elle devint la proie des flammes en 1580. Henri III fit relever le chœur en 1582, et en 1606 Christophe De Thou, premier président au parlement de Paris, reconstruisit la nef et les bas-côtés; ce ne fut qu'en 1673 qu'on commença à réparer le cloître. Deux confréries fameuses, celle du *tiers-ordre Saint-François* et celle du *saint-sépulcre*, se réunissaient dans l'église des cordeliers. On y remarquait les tombeaux de Louis de Luxembourg, comte de Saint-Pol, connétable de France, décapité en place de Grève le 19 décembre 1475 par ordre de Louis XI; celui de dom Antoine, commandeur de Crato, fils de dom Louis, infant de Portugal, et d'une juive nommée Violante Gomez. Dans cette église, les membres de l'académie française faisaient célébrer les services d'usage à la mort de leurs confrères, et c'était dans une des salles du couvent que se tenaient les *chapitres* ou assemblées générales de l'ordre de Saint-Michel, d'après un réglement royal daté du 25 avril 1728.

Le grand couvent des cordeliers fut supprimé en 1790, et l'église démolie quelques années après. De tous les bâtimens il ne reste que le réfectoire, placé en face de la rue Hautefeuille.

(*A. D.*)

(*Le dessin, d'après le grand plan de tapisserie.*)

Les Carmélites de la rue d'Enfer.

En 1604, les carmélites vinrent occuper l'église et le couvent des religieux de Marmoutiers. Ces édifices étaient fort anciens, et leur position au milieu des champs leur avait fait donner le nom de *Notre-Dame des Champs* ou *Notre-Dame des Vignes*.

Une statue placée au pignon de l'église, et qu'on croyait être une Cérès, faisait présumer qu'un temple consacré à cette déesse avait existé dans ce lieu; ces suppositions tombèrent quand on reconnut un Saint-Michel dans la prétendue Cérès. Cependant cet emplacement fut sans doute occupé par quelque monument antique, car en 1630 on trouva, en creusant la terre dans le jardin du couvent, plusieurs tombeaux romains, des bas-reliefs, une agrafe, une boule, un cornet en bronze, et enfin cette inscription : VIBIVS HERMES EX VOTO. On croit que l'église avait été bâtie sous le roi Robert.

Louise-Françoise de La Baume le Blanc, duchesse de La Valière, se retira dans ce couvent, et y mourut en 1710 sous le nom de sœur Louise de la Miséricorde.

Supprimé en 1790, le monastère des carmélites est devenu depuis une maison particulière.

(A. D.)

(Le dessin, d'après une ancienne estampe et le plan de tapisserie.)

L'ancien portail de l'Hôtel-Dieu
(Parvis Notre-Dame) en 1531.

On attribue, sans toutefois en rapporter de preuves certaines, la fondation de l'Hôtel-Dieu à saint Landri, évêque de Paris. Vers la fin du IXe siècle, cet hôpital s'appelait l'*Hôtel-Dieu Saint-Christophe*. Louis IX doit en être considéré comme le véritable fondateur, puisque l'établissement, reconstruit en entier et considérablement augmenté pendant le règne du saint roi, atteignit alors en partie son but d'utilité.

On l'agrandit aussi dans les années 1511, 1531 et 1606; la grande salle sous laquelle passe la rivière, fut construite en 1625. L'Hôtel-Dieu éprouva deux fois les ravages du feu, en 1737 et en 1772. L'ancien portail alors existant disparut entièrement depuis.

(A. D.)

(Le dessin, d'après l'ancien plan de tapisserie et une estampe de la collection de la Bibliothèque du Roi.)

Nouveaux d'après Pernot   Lith. de Tourquesmon

Les Carmélites de la rue d'Enfer.

73

Nouveaux d'après Pernot.

Lith. de Fourquemin.

Ancien Portail de L'Hôtel-Dieu, Parvis Notre-Dame
en 1531.

74

Le Pont aux Meuniers et une partie du Palais du Roi ou de la Cité en 1556.

La Tour et la Porte neuve près du Louvre.

N° 77.

Le Pont aux Meuniers,

et une partie du Palais du Roi ou de la Cité,
EN 1556.

Charles-le-Chauve fit établir de 851 à 861, à l'extrémité de la ville, un pont qui porta d'abord son nom. Cette construction en bois, assise sur des piles de maçonnerie, était défendue à ses deux extrémités par de *grosses tours* ou *châteaux* également en bois.

On ignore l'époque à laquelle ce vieux pont cessa d'exister ; mais au XIIIe siècle on en voyait encore des restes du côté du midi. Reconstruit en 1296, il fut désigné d'abord sous le nom de *Vieux grand Pont de pierre*, ensuite de *Pont aux Colombes* ou aux *Coulons*, parce qu'on y vendait des pigeons. Le nom de *Pont aux Meuniers* lui resta à cause du moulin qu'on avait construit entre ses arches.

Il fut à diverses reprises emporté par les glaces en 1196, 1280, 1325, 1407, puis reconstruit et fortement ébranlé en 1416, enfin totalement détruit par les eaux le 22 décembre 1596. Charles Marchand, colonel des arquebusiers et des archers de la ville, le fit relever à ses dépens en 1608, à condition qu'il serait appelé le *Pont-Marchand*.

En 1621, un incendie le consuma en même temps que le pont au Change, dont il était voisin, et il fut alors entièrement supprimé.

(Auteurs divers.)

(Le dessin, d'après un tableau de 1556, placé au Musée historique de Versailles, galerie des châteaux.)

N° 78.

La Tour et la Porte-Neuve.

La Porte-Neuve, abattue sous Louis XIII, dépendait des murs de la ville et touchait à ceux du *vieux Louvre ;* elle était située dans la direction de la rue Saint-Nicaise. « C'est par cette porte « (dit Saint-Victor) que se sauva Henri IV en 1588. Des arquebusiers placés à la tour de Nesle « tirèrent sur lui. »

(A. D.)

(Le dessin, d'après l'ancien et grand plan de tapisserie.)

Le Collége de Sorbonne en 1530.

Robert, dit de Sorbon parce qu'il était né à Sorbon, village près de Réthel, en Champagne, chanoine de Paris et chapelain de saint Louis, établit en 1253 une maison destinée à recevoir un nombre déterminé d'ecclésiastiques séculiers qui, vivant en commun, pourraient s'occuper exclusivement d'études et d'enseignement.

En 1256, saint Louis donna au nouvel établissement une maison située vis-à-vis les Thermes et deux autres situées rue des Deux-Portes et rue des Maçons. Le prix des locations fut destiné à l'entretien *des pauvres écoliers;* il leur donna, aux uns deux sous, aux autres un sou, et même dix-huit deniers par semaine pour les aider à vivre. Le nombre de ces *pauvres écoliers* ou *pauvres clercs* s'élevait à cent du temps de saint Louis.

Ce collége prit le titre de Pauvre Maison, *Pauperrima Domus* ..... Mais dès que les riches dotations, les opulens bénéfices, les premières dignités ecclésiastiques furent accordés aux *bacheliers* et aux *docteurs de la société et maison de Sorbonne,* les membres de ce collége de théologie s'érigèrent en censeurs souverains de toutes les opinions théologiques.

Dès les premiers temps on admit dans ce collége des docteurs, des bacheliers, boursiers et non boursiers, et de pauvres étudians. On les distinguait sous le nom d'*hôtes* et d'*associés*, et on les recevait de quelque pays qu'ils fussent. Ces réglemens subsistèrent jusqu'à la suppression du collége ..... L'égalité régnait entre tous les membres; ils n'admettaient ni maîtres ni disciples. Cette maison avait un *proviseur* et un *prieur;* le prieur était élu chaque année le 31 décembre; il était pris parmi les bacheliers en licence; il présidait aux assemblées générales de la société. On appelait *sénieur* de la société le plus ancien docteur, *socius*. Les appartemens étaient occupés par les docteurs et par les bacheliers en licence, au nombre de trente-sept.

Les bâtimens et l'ancienne chapelle de Sorbonne tombaient en ruines en 1629. Le cardinal de Richelieu, proviseur du collége, fit reconstruire l'édifice que l'on voit encore; il fut achevé en 1659.

La bibliothèque de la Sorbonne passait pour une des plus nombreuses et des plus considérables de Paris; elle était riche surtout en livres de théologie et en manuscrits rares et précieux. On y conservait les éditions des premiers livres imprimés à Paris.

On sait que c'est dans la maison de Sorbonne que l'imprimerie de Paris prit naissance, grâce au zèle de deux docteurs, Guillaume Fichet et Jean De Lapierre, qui, en 1470, firent venir d'Allemagne trois imprimeurs, Ulrich Gering, Martin Grantz et Michel Friburger.

(Dictionnaire historique de Paris, 2er vol. , édit. de 1825.)

(Le dessin, d'après le grand plan de tapisserie.)

Nouveaux d'après Pernot   Lith. de Fourquemin

Le Collège de Sorbonne en 1550

Nouveaux d'après Pernot   Lith. de Fourquemin

La Porte St Victor.

N° **80.**

La Porte Saint-Victor.

La porte Saint-Victor était située à l'extrémité de la rue portant le même nom, entre les rues des Fossés Saint-Victor et des Fossés Saint-Bernard. Elle avait été bâtie vers l'an 1200, et fut démolie en 1684.

(Dictionnaire historique de Paris.)

(Le dessin, d'après le plan de tapisserie, BELLEFOREST et SAINT-VICTOR.)

ANCIENS PLANS DE PARIS.

1° Le Plan de Tapisserie, ainsi nommé parce que l'original était brodé sur une ancienne tapisserie dont on ignore la date certaine ; on croit que c'était avant 1540.
2° Un ancien Plan conservé à l'abbaye Saint-Victor fut gravé dans le siècle dernier. Jaillot a pensé que ce plan datait du milieu du XVI° siècle.
3° Le Plan de François Quesnel, publié en 1609.
4° Le Plan de Gombourt, en 1652.
5° Le Plan de Bercy, sans date ; on le croit aussi de 1652.
6° Le Plan de Bullet, de 1676.
7° Le Plan de Defer, dressé en 1697.
8° Le Plan dit de Turgot, gravé en 1734.

(Tous ces Plans sont conservés à la Bibliothèque du Roi au département des Estampes.)

Fin.

ERRATA DU TEXTE.

N° 2. — Grands-Augustins. — A la fin de l'article, *le marché à la volaille le remplace*, lisez : *remplace l'église*.

N° 3. — Le Vieux Louvre. — A la 28ᵉ ligne, *abandonné de nos rois, ou n'y logèrent que très rarement*, lisez : *qui n'y logèrent*.

N° 10. — Eglise de la Madeleine. — A la 3ᵉ ligne, *pour la population croissante de ce faubourg*, lisez : *du faubourg Saint-Honoré et de la Ville-l'Evêque*.

N° 15. — Saint-Jacques de la Boucherie. — A la 3ᵉ ligne, *Nicolas Flamelle*, lisez : *Flamel*.

N° 23. — Saint-Denis de la Chartre. — Au titre et à la 1ʳᵉ ligne, au lieu de *la Châtre*, lisez : *de la Chartre*.

N° 33. — L'hôtel Barbette. — 1ʳᵉ ligne, au lieu des mots *près du quai Saint-Antoine*, lisez : *rue Barbette, quartier Saint-Antoine*. — Ajoutez pour le dessin : *Barbette sur l'iaue* (porte).

Quelques numéros des petites planches ont été transposés ; il faut les lire de bas en haut.

PARIS, IMPRIMERIE DE POLLET, SOUPE ET GUILLOIS,
RUE SAINT-DENIS, 380, PASSAGE LEMOINE.